# Mein großes Buch zum SCHULSTART

Ravensburger

# INHALT

Wohin fliegt das Flugzeug? Folge **F** und **f**.

|   |   |   |   |   |   |   |   |
|---|---|---|---|---|---|---|---|
| E | T | F | T | f | f | F | N |
| F | T | L | f | L | F | T | f | w |
| F | W | t | F | t | f | l | f | t |
| L | f | f | W | k | f | k | F | L |
| T | w | F | t | f | f | t | F | T |
| L | l | F | f | F | T | W | f | f |

In welchen Wörtern hörst du ein 🗨 **F** oder 🗨 **f** ?
Kreise die Bilder ein.

Schreibe **F** und **f**.

Kreise alle **G** ein.

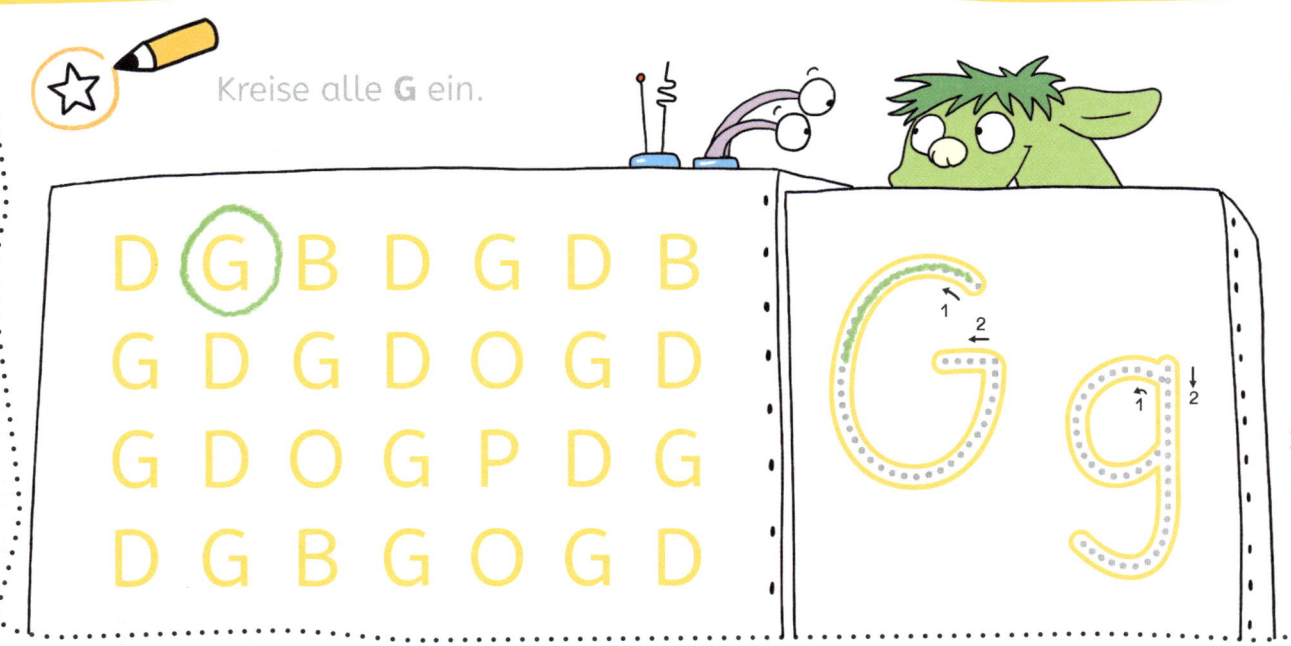

Welches Wort beginnt mit **G**? Verbinde.

Schreibe **G** und **g**.

Male die Felder an, wenn **H** zu hören ist.

Hängt der Stern vor **H** oder nicht? Kreuze an.

 ☺ ⊗(angekreuzt)

 ⊗(angekreuzt) ☹

 ☺ ☹

 ☺ ☹

 ☺ ☹

 ☺ ☹

 ☺ ☹

 ☺ ☹

Schreibe **H** und **h**.

H H H H H H H H H H H H H

h h h h h h h h h h h h h

Wohin läuft der Igel? Folge I und i.

In welchen Wörtern hörst du ein I oder i?
Kreise die Bilder ein.

Schreibe I und i.

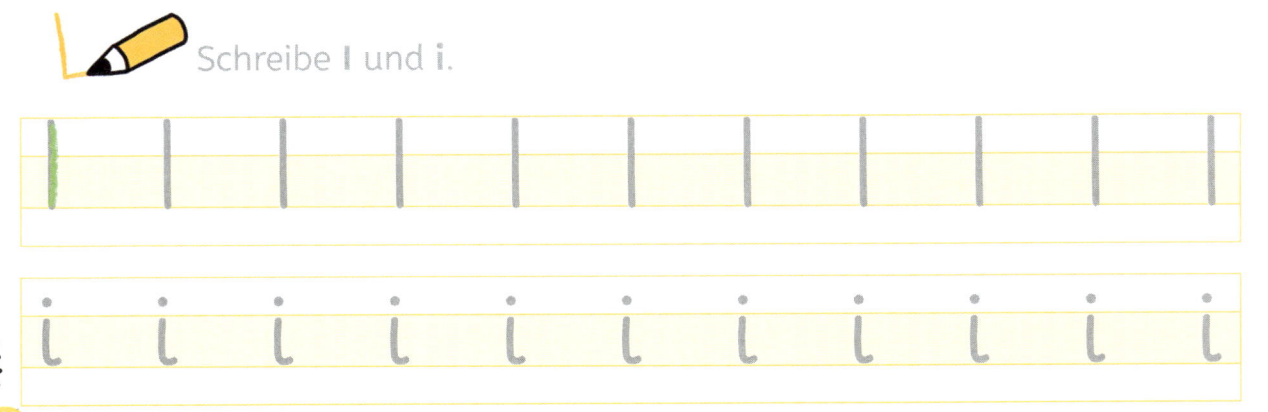

Male alle Ufos mit **J** und **j** an.

Kreise **J** und **j** ein.

Julius jubelt:

Jogurt mit Johannisbeeren!

Schreibe **J** und **j**.

 Male die Felder an, wenn **K** oder **k** zu hören ist.

 Hängt der Stern vor **K** oder nicht? Kreuze an.

 Schreibe **K** und **k**.

K K K K K K K K K K

k k k k k k k k k k k

# DER BUCHSTABE L

Welches Wort beginnt mit **L**? Verbinde.

✏️ Schreibe **L** und **l**.

 Male die Felder mit **M** und **m** an.

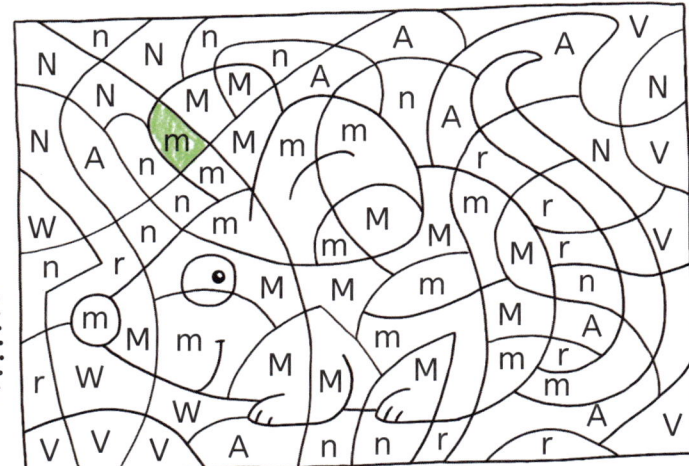

 Hörst du im Wort ein **M** oder **m**? Kreuze an.

 Schreibe **M** und **m**.

M M M M M M M

m m m m m m m m

 Wohin läuft das Nashorn? Folge **N** und **n**.

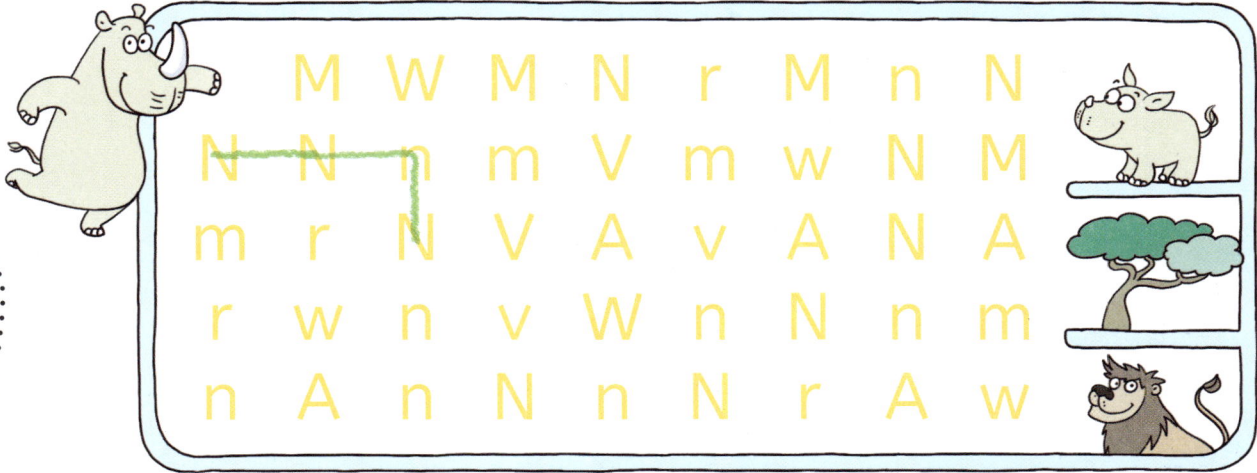

```
M  W  M  N  r  M  n  N
N  N  n  m  V  m  w  N  M
m  r  N  V  A  v  A  N  A
r  w  n  v  W  n  N  n  m
n  A  n  N  N  N  r  A  w
```

Welches Wort beginnt mit (**N**)? Verbinde.

Schreibe **N** und **n**.

```
N  N  N  N  N  N  N  N
```

```
n  n  n  n  n  n  n  n
```

# DER BUCHSTABE O

 Male die Felder an, wenn **O** oder **o** zu hören ist.

Hängt der Stern vor **O** oder nicht? Kreuze an.

Schreibe **O** und **o**.

# DER BUCHSTABE P

Kreise alle **P** ein.

D P B D G D B
O D P P D O B D
G D O B P D G
D P B D O G D

In welchen Wörtern hörst du ein **P** oder **p**?
Kreise die Bilder ein.

Schreibe **P** und **p**.

P P P P P P P P P P P

p p p p p p p p p p p

Hörst du am Anfang des Wortes ein **Qu**? Kreuze an.

Kreise **Qu** und **qu** ein.

Quintus quasselt nur Quatsch.

Schreibe **Qu** und **qu**.

Qu Qu Qu Qu Qu Qu

qu qu qu qu qu qu

# DER BUCHSTABE R

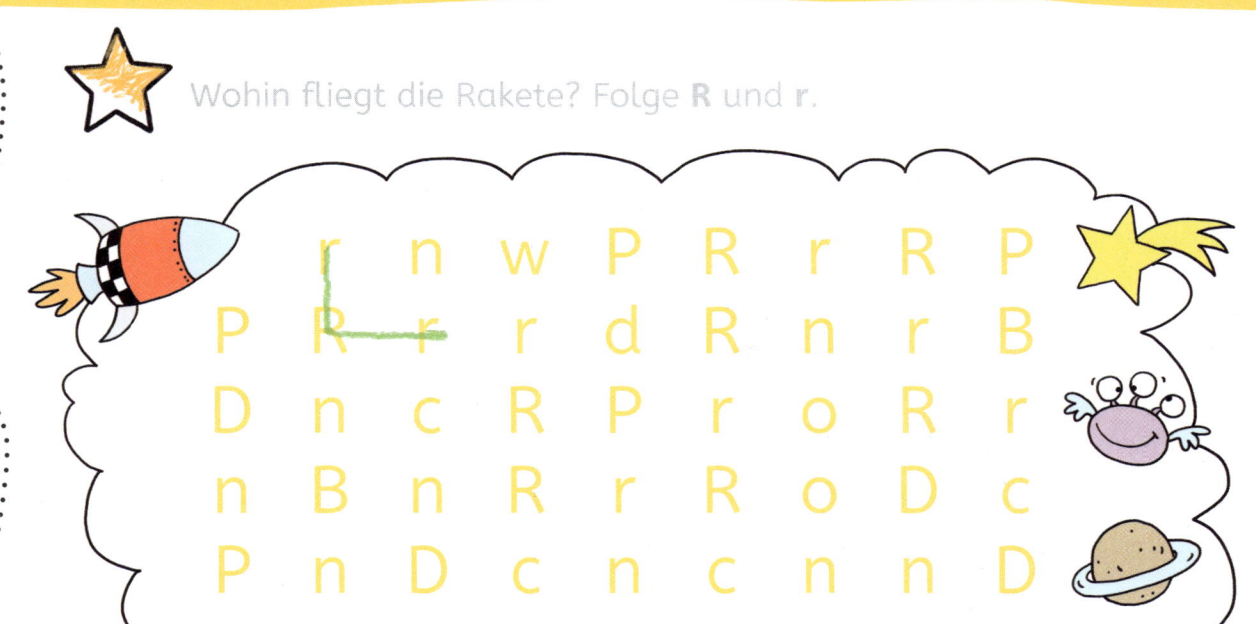

Wohin fliegt die Rakete? Folge **R** und **r**.

| r | n | w | P | R | r | R | P |
|---|---|---|---|---|---|---|---|
| P | R | r | r | d | R | n | r | B |
| D | n | c | R | P | r | o | R | r |
| n | B | n | R | r | R | o | D | c |
| P | n | D | c | n | c | n | n | D |

In welchen Wörtern hörst du ein **R** oder **r**?
Kreise die Bilder ein.

Schreibe **R** und **r**.

R R R R R R R R R R R

r r r r r r r r r r r

# DER BUCHSTABE S

 Male die Felder an, wenn S oder s zu hören ist.

 Hängt der Stern vor **S** oder nicht? Kreuze an.

 ⊗ ☹

 ☺ ☹

 ☺ ☹

 ☺ ☹

 ☺ ☹

 ☺ ☹

 ☺ ☹

 ☺ ☹

 Schreibe **S** und **s**.

S S S S S S S S S

s s s s s s s s s

Kreise alle **T** ein.

Welches Wort beginnt mit **T**? Verbinde.

Schreibe **T** und **t**.

 Male alle Felder mit **U** und **u** an.

In welchen Wörtern hörst du ein **U** oder **u**?
Kreise die Bilder ein.

 Schreibe **U** und **u**.

U U U U U U U U U U

u u u u u u u u u u

Wohin fliegt der Vogel? Folge **V** und **v**.

| U | w | u | v | V |
|---|---|---|---|---|
| V | y | V | A | V | M |
| v | M | u | y | v | U |
| V | v | W | V | v | u |
| U | V | N | V | U | U |
| w | V | w | v | W | y |
| A | v | v | V | A | W |

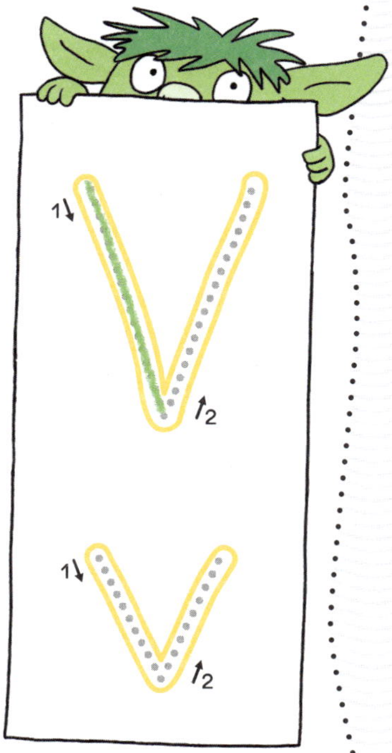

Hängt der Stern vor **V** oder nicht? Kreuze an.

Schreibe **V** und **v**.

 Male alle Felder mit **W** und **w** an.

Welches Wort beginnt mit **W**? Verbinde.

 Schreibe **W** und **w**.

⭐ Male alle Ufos mit **X** und **x** an.

⭐✏️ Kreise **X** ein.

Xaver mit X-Beinen
am Xylofon.

✏️ Schreibe **X** und **x**.

Male alle Ufos mit einem **Y** und **y** an.

Kreise **Y** ein.

Yvonne macht Yoga auf der Yacht – und das Yak guckt zu!

Schreibe **Y** und **y**.

# DER BUCHSTABE Z

 Male die Felder an, wenn **Z** oder **z** zu hören ist.

---

 Hängt der Stern vor **Z** oder nicht? Kreuze an.

☺ ✖

☺ ☹

☺ ☹

☺ ☹

☺ ☹

☺ ☹

☺ ☹

☺ ☹

---

 Schreibe **Z** und **z**.

Z Z Z Z Z Z Z Z Z Z

Z Z Z Z Z Z Z Z Z Z

37

 Male das Bild an.

A = ⭐  E = ⭐  I = ⭐  O = ⭐  U = ⭐

⭐ Welcher Buchstabe passt nicht in das Ufo?
Streiche ihn durch.

 Welchen Buchstaben versteckt das Monster?
Kreise ihn ein.

T (E)     M  A      T  F      I  L

R  S      O  D      N  M      B  A

 Erkennst du die Buchstaben? Male sie an.

Mit welchem Buchstaben beginnt der Tiername? Verbinde.

A

B

(C)

D

E

F

G

H

I

J

K

L

M

N

O

P

Qu

R

S

T

U

V

W

(X)

(Y)

Z

# BUCHSTABEN VON A BIS Z

 Verbinde die Buchstaben von **A–Z** in der richtigen Reihenfolge.

# GROSSE UND KLEINE BUCHSTABEN

Was gehört zusammen? Lies und verbinde.

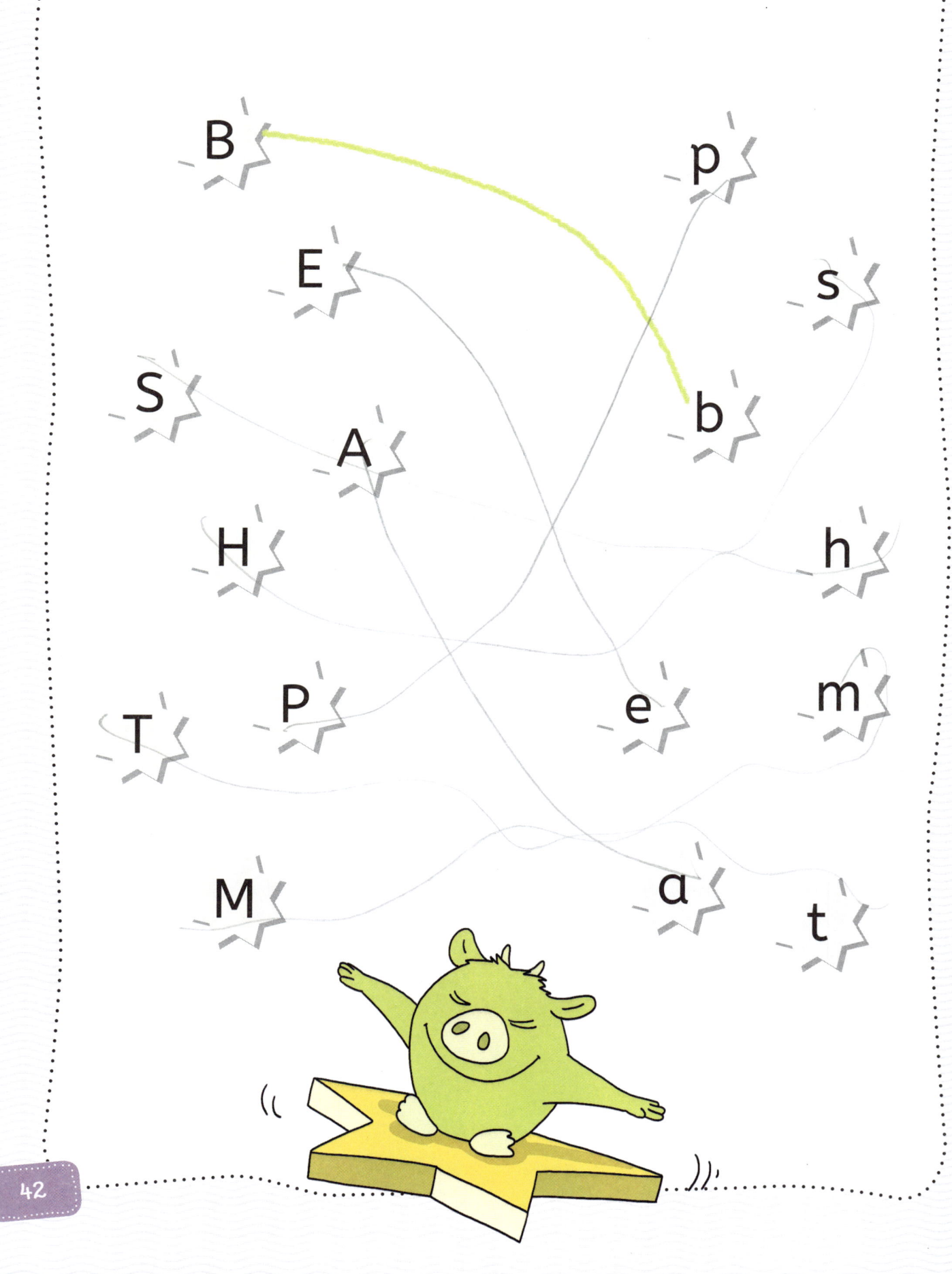

Wie heißen die Monster?
Male die Buchstaben an, die im Namen sind.

# A WIE ANFANG

Mit welchem Buchstaben beginnen die Wörter?
Lies und verbinde.

| A U | M L | S T |
|---|---|---|

| E I | F N | Ei A |
|---|---|---|

Welches Wort in der Reihe beginnt nicht mit dem Buchstaben?
Streiche es durch.

| | | | | |
|---|---|---|---|---|
| A | | | | |
| E | | | | |
| I | | | | |
| O | | | | |
| U | | | | |

Mit welcher Silbe beginnt das Wort?
Lies und kreise ein.

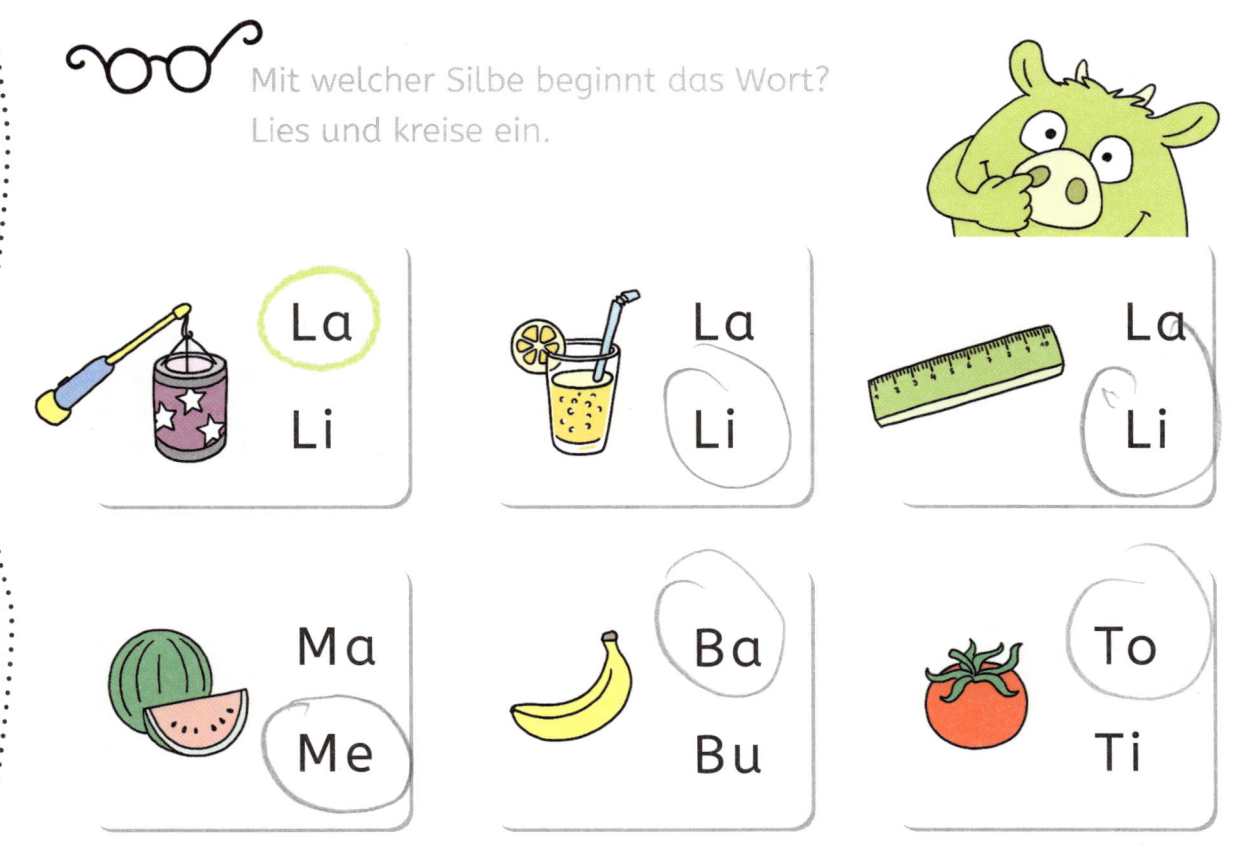

Welches Wort passt zum Bild? Verbinde die Silben.

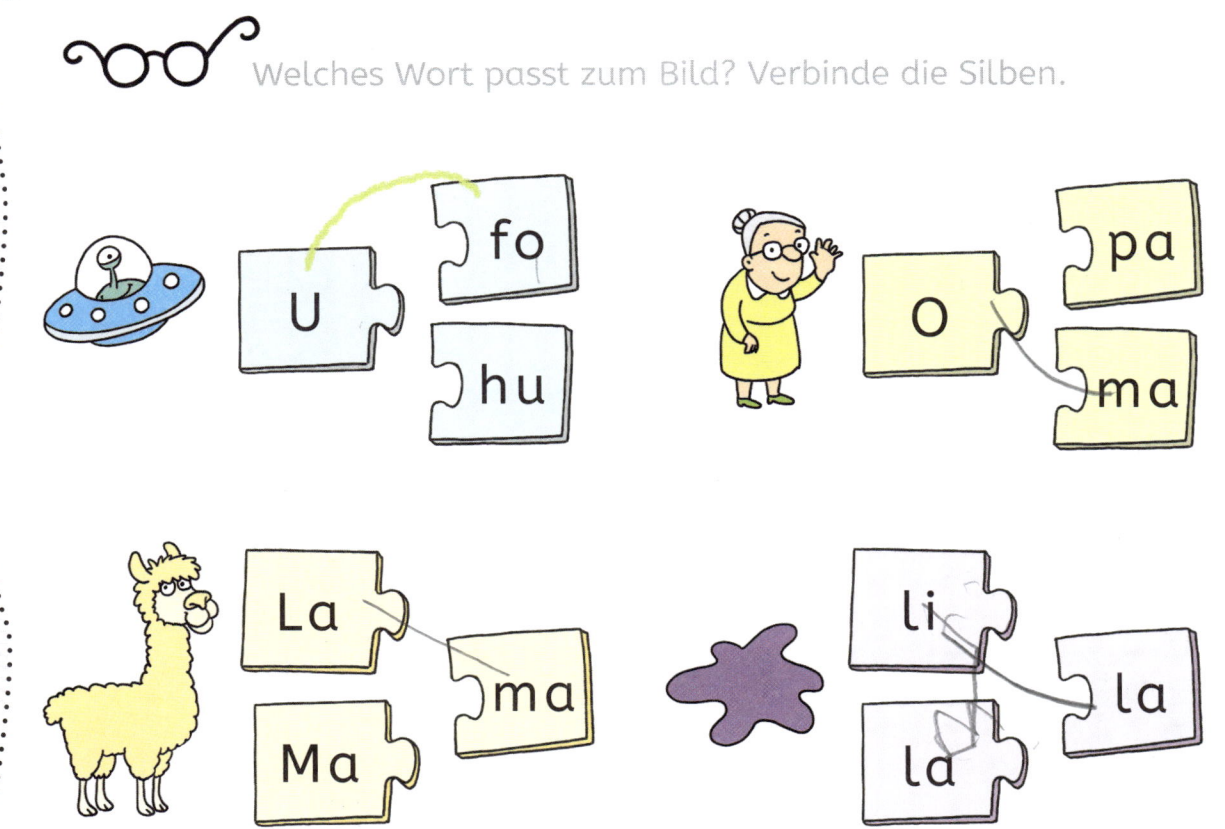

# KLEINE WÖRTER

Wo steht **im**? Lies und male die Ufos an.

um  im  im  mit
im  mit  am  im

Welcher Satz passt zum Bild? Lies und kreuze an.

Lilo am 📱 ✗
Lilo im 🛸

Lilo am 🌳
Lilo im 🏠

Lilo am 📱
Lilo im 🛸

Lilo am 🪑
Lilo im 🏠

 Lies und zeichne.

H
Hu
Hut

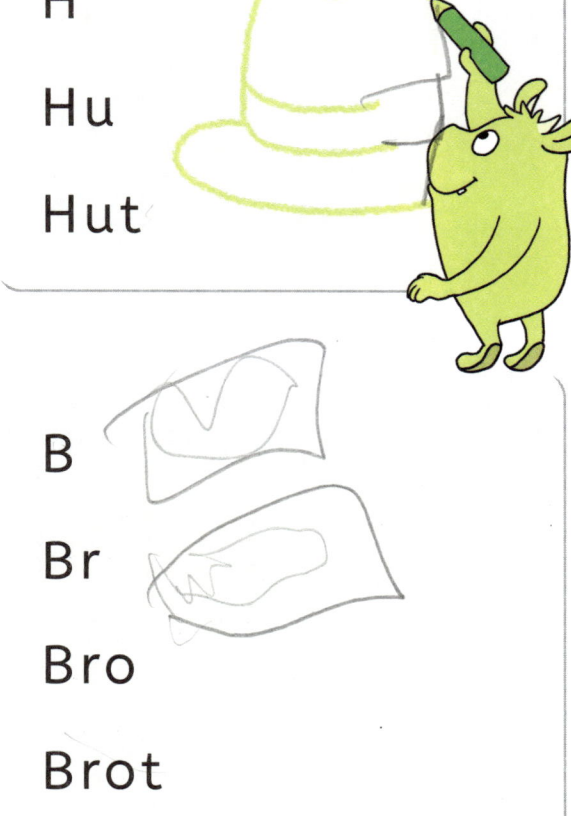

A
As
Ast

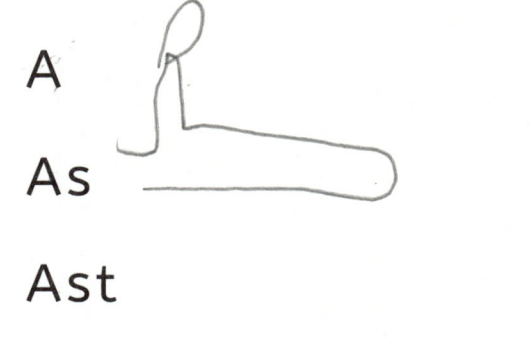

B
Br
Bro
Brot

H
Ho
Hos
Hose

L
La
Lam
Lamp
Lampe

P
Pa
Pal
Palm
Palme

# WORTPAARE

In welchen Ufos steht das gleiche Wort?
Lies und male die Ufos gleich an.

Jedes Wort ist zwei Mal versteckt.
Lies und kreise die Wörter in verschiedenen Farben ein.

| i | c | h | w | i | r | e | r |
|---|---|---|---|---|---|---|---|
| d | u | i | h | r | s | i | e |
| w | i | r | d | u | i | h | r |
| e | r | s | i | e | i | c | h |

 Was ist hier zu sehen? Lies und male.

## Oma und Lilo am See

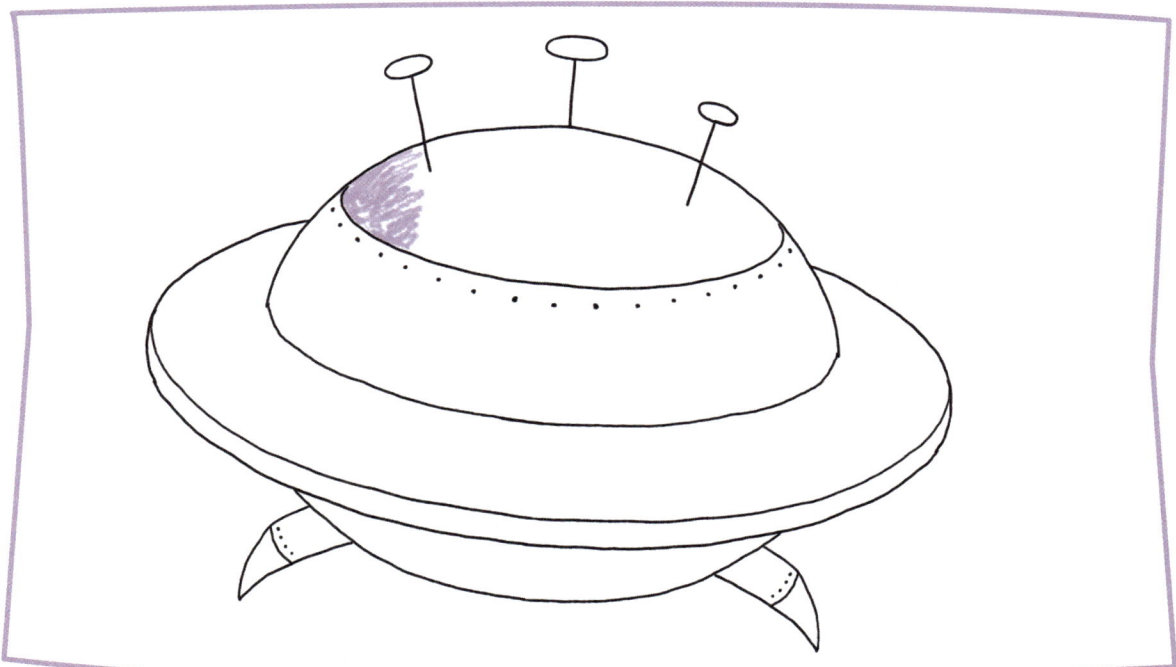

## Das Ufo ist lila und rosa.

Spure die Linien nach.

Schreibe.

| | |
|---|---|
| U U | U |
| u | u |
| n | n |
| C | C |
| l | l |
| m | m |
| O o | O o |
| S s | S s |
| s o | s o |

Spure die Linien nach.

Verbinde.

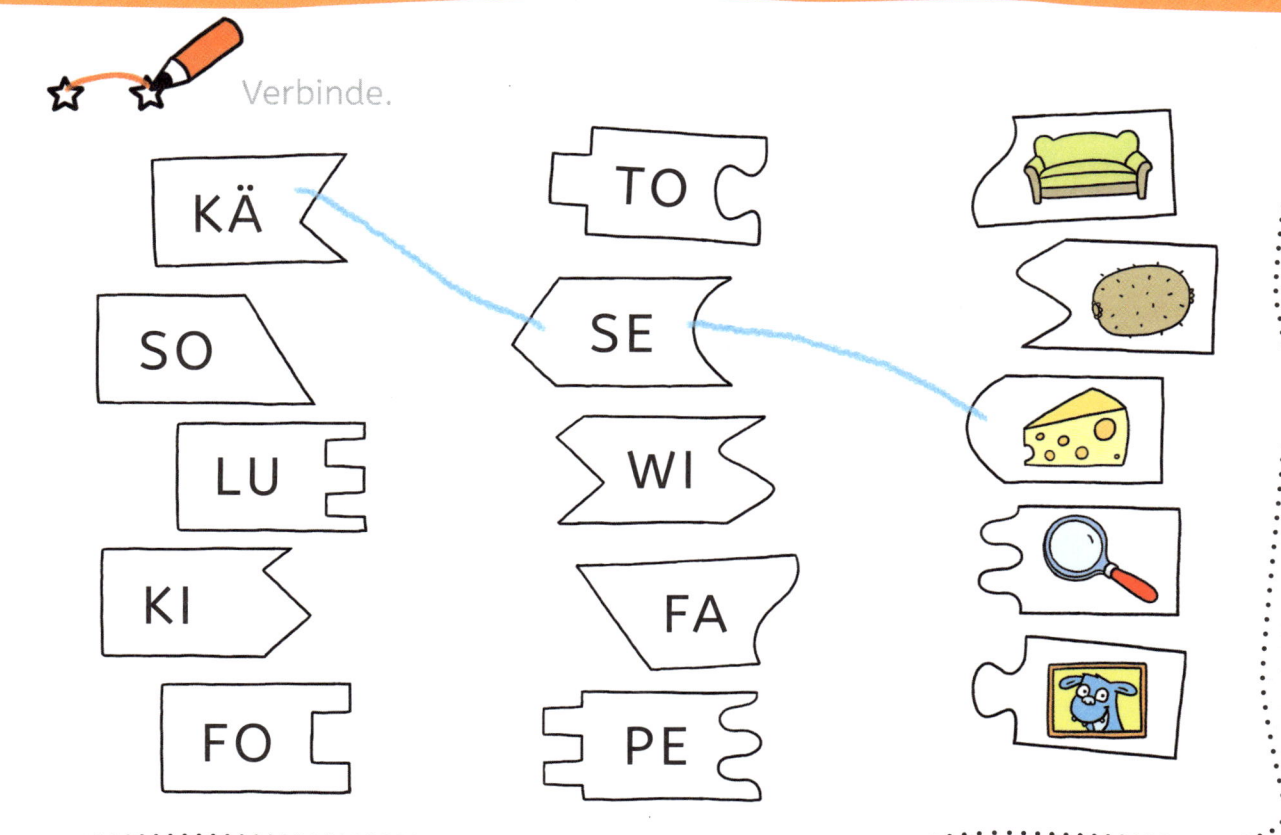

KÄ

SO

LU

KI

FO

TO

SE

WI

FA

PE

Schreibe die Wörter zu den Bildern.

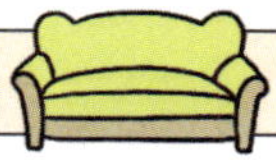

KÄSE KÄSE

S

Was steht hier? Lies die Buchstaben. Schreibe die Wörter richtig.

R E T I G

T I

A N P A D

B R E Z A

Z E K A T

F A S C H

D R E P F

Schreibe die Buchstaben in der richtigen Reihenfolge.
Male die Ufos an.

rosa

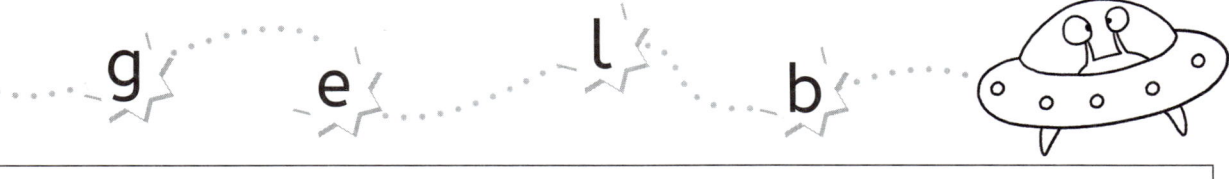

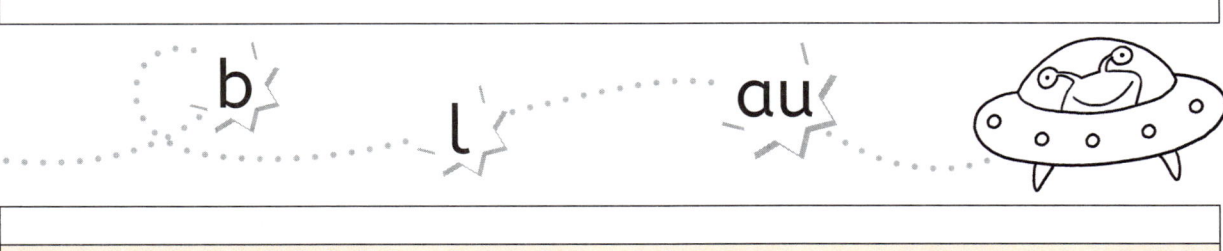

# DOPPELT GUT

Welche beiden Ufos in einer Reihe sehen gleich aus?
Kreise beide ein.

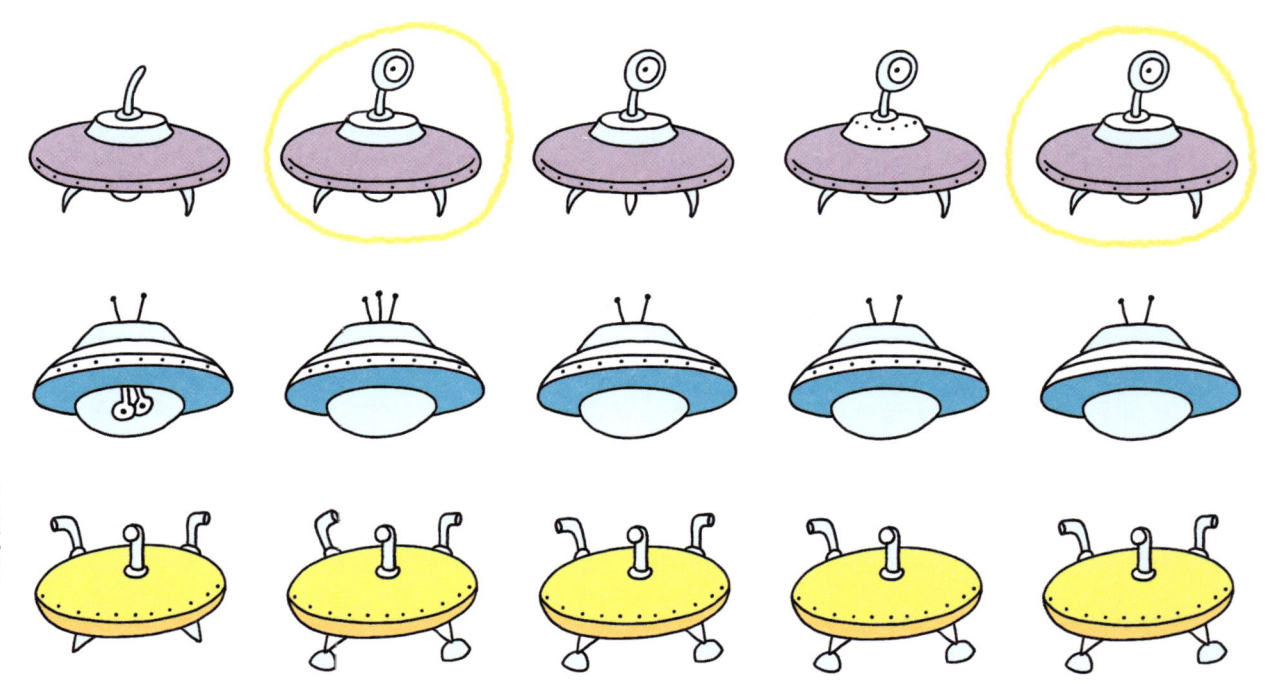

Welcher Schatten gehört zu welchem Astronauten? Verbinde.

 Male die Bilder so an, dass am Ende alle gleich aussehen.

 Was steckt in jedem Fantasietier? Kreise die passenden Bilder ein.

# FLUGOBJEKTE

Findest du in jedem Bild den Fehler? Streiche ihn durch.

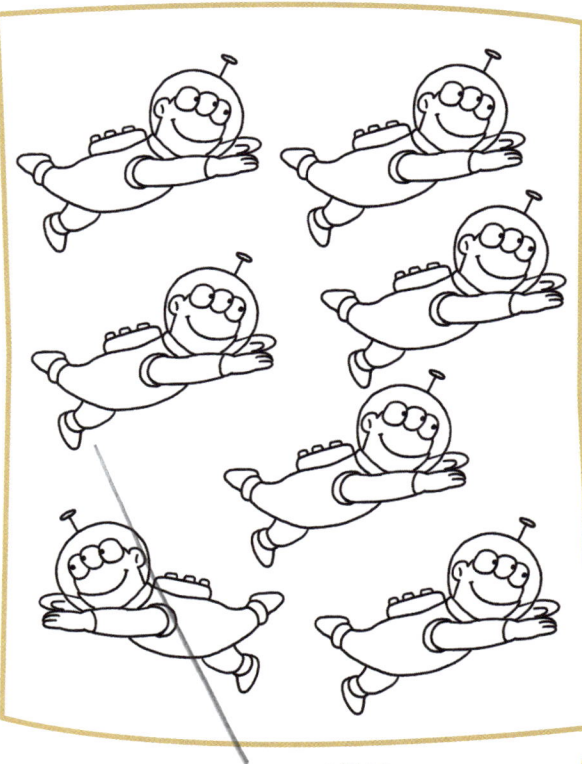

# SCHÖNE MUSTER

Findest du die Ausschnitte im großen Bild? Kreise sie ein.

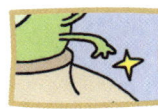

Was gibt es nicht? Schau genau und streiche es durch.

 Male das Bild genauso wie auf der Vorlage.

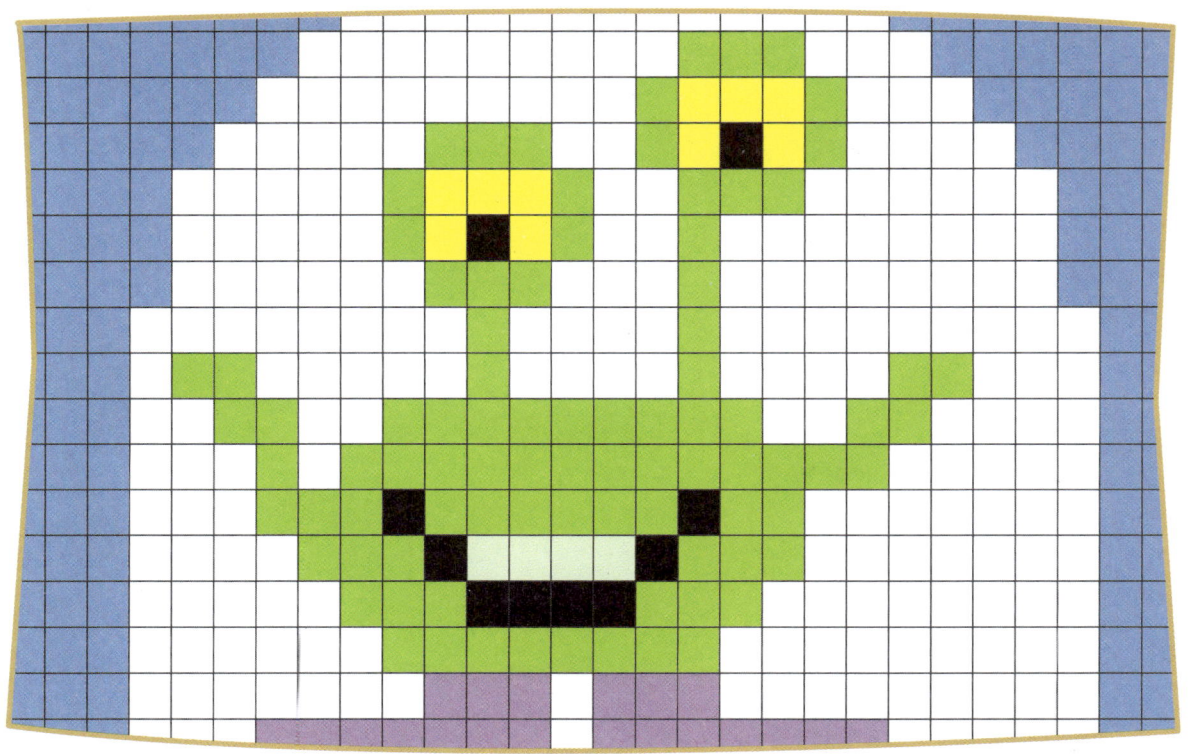

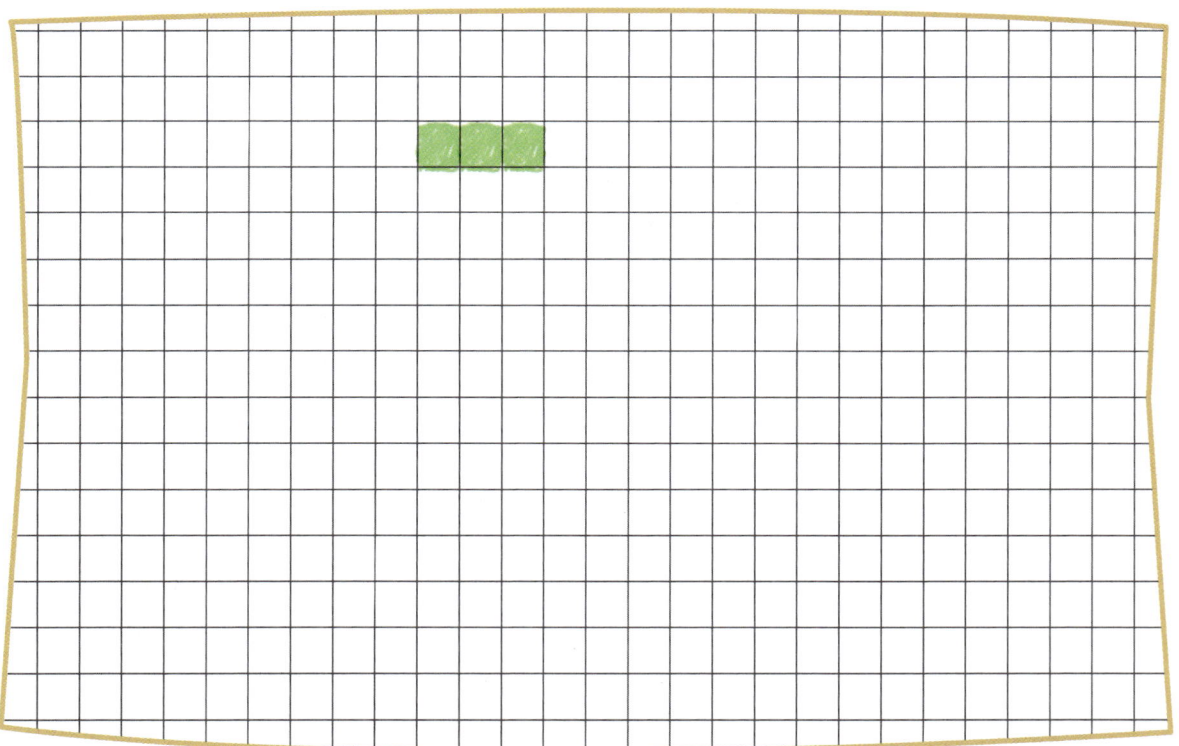

# DIE ZAHL 2

 Wo siehst du eine **2**? Male die Ufos an.

  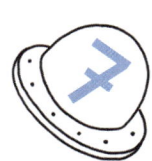   

Kreise immer **2** ein.

 Schreibe **2**.

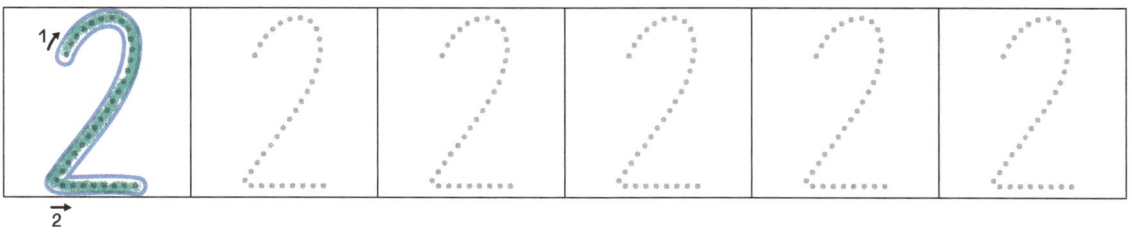

Wo siehst du **3**? Kreise ein.

Immer **3**! Zeichne die fehlenden Augen.

Schreibe **3**.

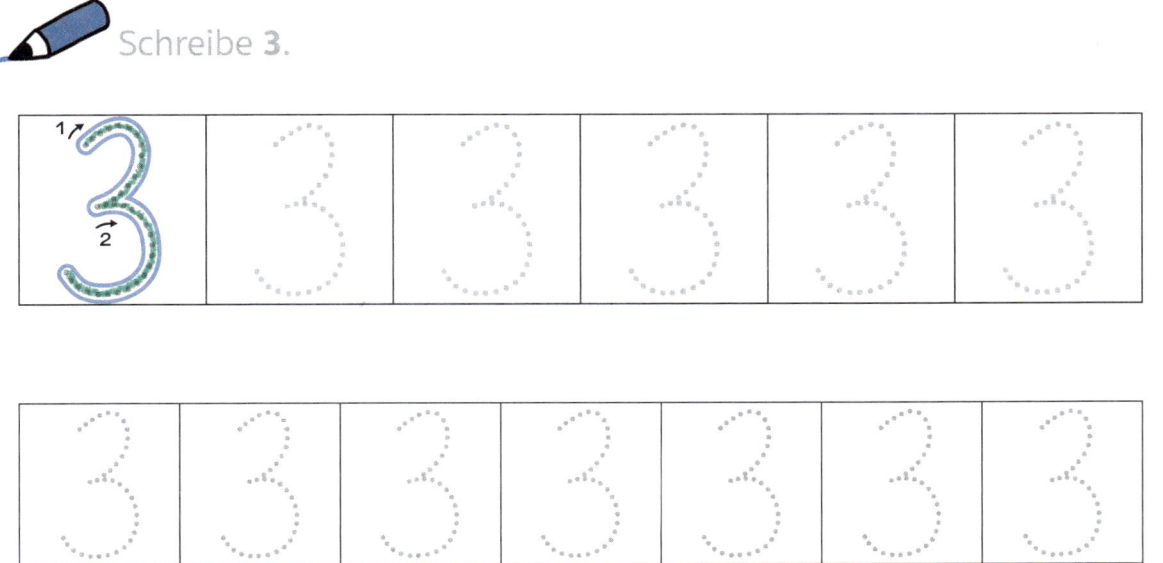

# DIE ZAHL 4

 Kreise die **4** ein.

| | | | | | | | |
|---|---|---|---|---|---|---|---|
| 2 | (4) | 6 | 1 | 4 | 7 | 5 | 9 |
| 3 | 8 | 4 | 9 | 1 | 4 | 3 | 4 |
| 4 | 7 | 6 | 4 | 2 | 1 | 4 | 8 |
| 1 | 9 | 4 | 7 | 4 | 8 | 3 | 4 |

 Spure die **4** nach.

 Schreibe **4**.

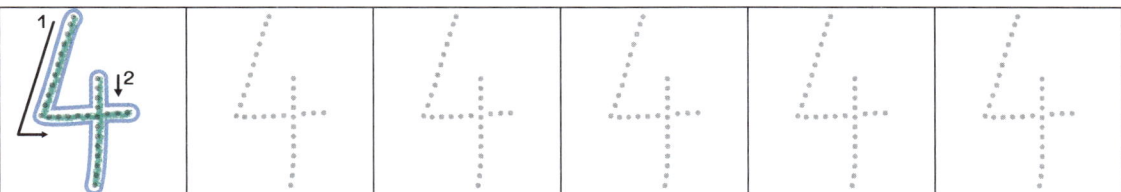

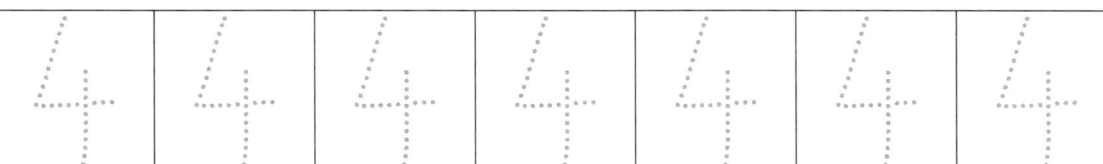

# DIE ZAHL 5

Welche Bilder zeigen **5**? Verbinde.

Schreibe **5**.

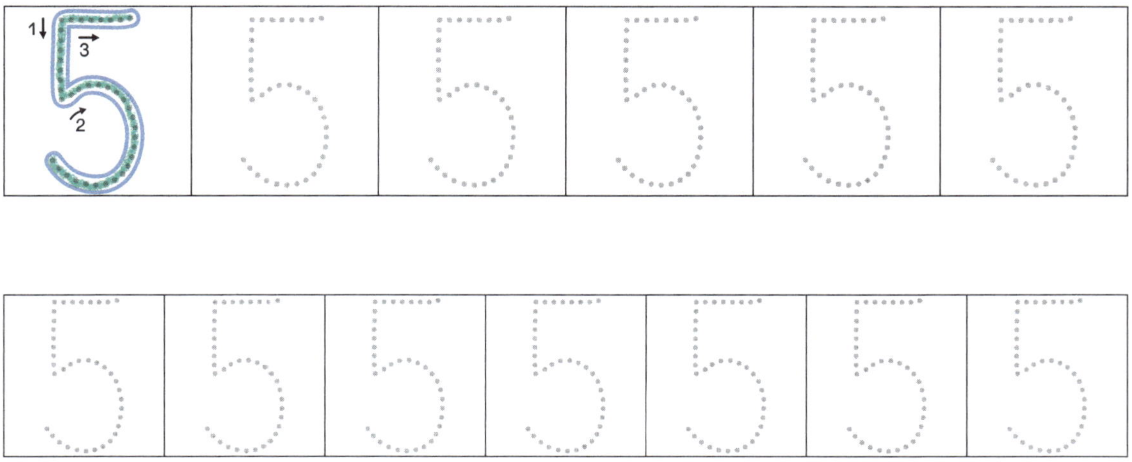

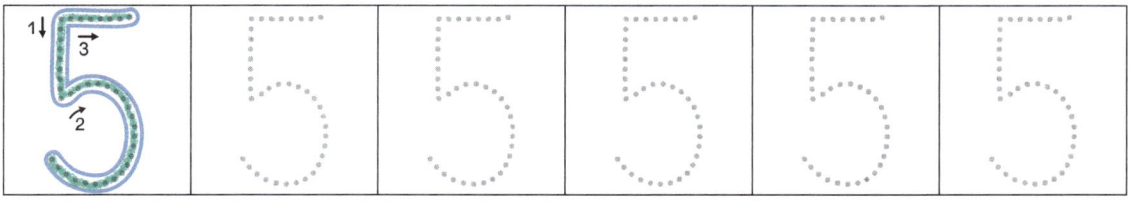

# DIE ZAHL 6

⭐ Wo siehst du eine **6**? Male die Ufos an.

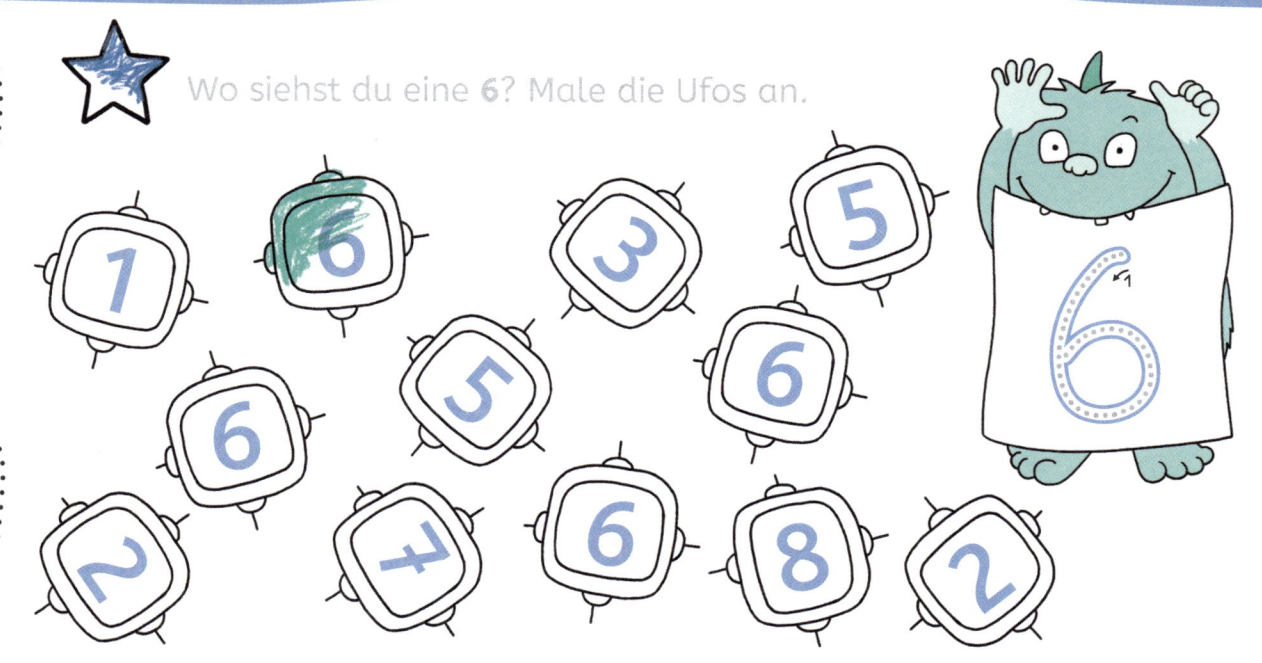

✏️ Schreibe **6**.

✋ Zähle. Kreise immer **6** ein.

# DIE ZAHL 7

Kreise die **7** ein.

| 1 | (7) | 4 | 3 | 5 | 7 | 6 | 1 |
| 7 | 8 | 1 | 7 | 4 | 2 | 5 | 7 |
| 9 | 7 | 4 | 8 | 7 | 0 | 7 | 4 |
| 3 | 9 | 7 | 7 | 4 | 1 | 3 | 9 |

Schreibe **7**.

Kreise immer **7** ein.

# DIE ZAHL 8

Wo siehst du **8**? Kreise ein.

Spure die **8** nach.

Schreibe **8**.

# DIE ZAHL 9

 Wo siehst du eine **9**? Male die Ufos an.

Schreibe **9**.

Kreise immer **9** ein.

# MONSTERTREFFEN

 Wie viele Monster zählst du? Kreise die richtige Zahl ein.

# STERNENFÄNGER

 Wie viele Sterne hat jedes Monster gesammelt? Kreise ein.

 Spure die Zahl nach.
Male so viele Ufos an, wie die Zahl vor jeder Reihe angibt.

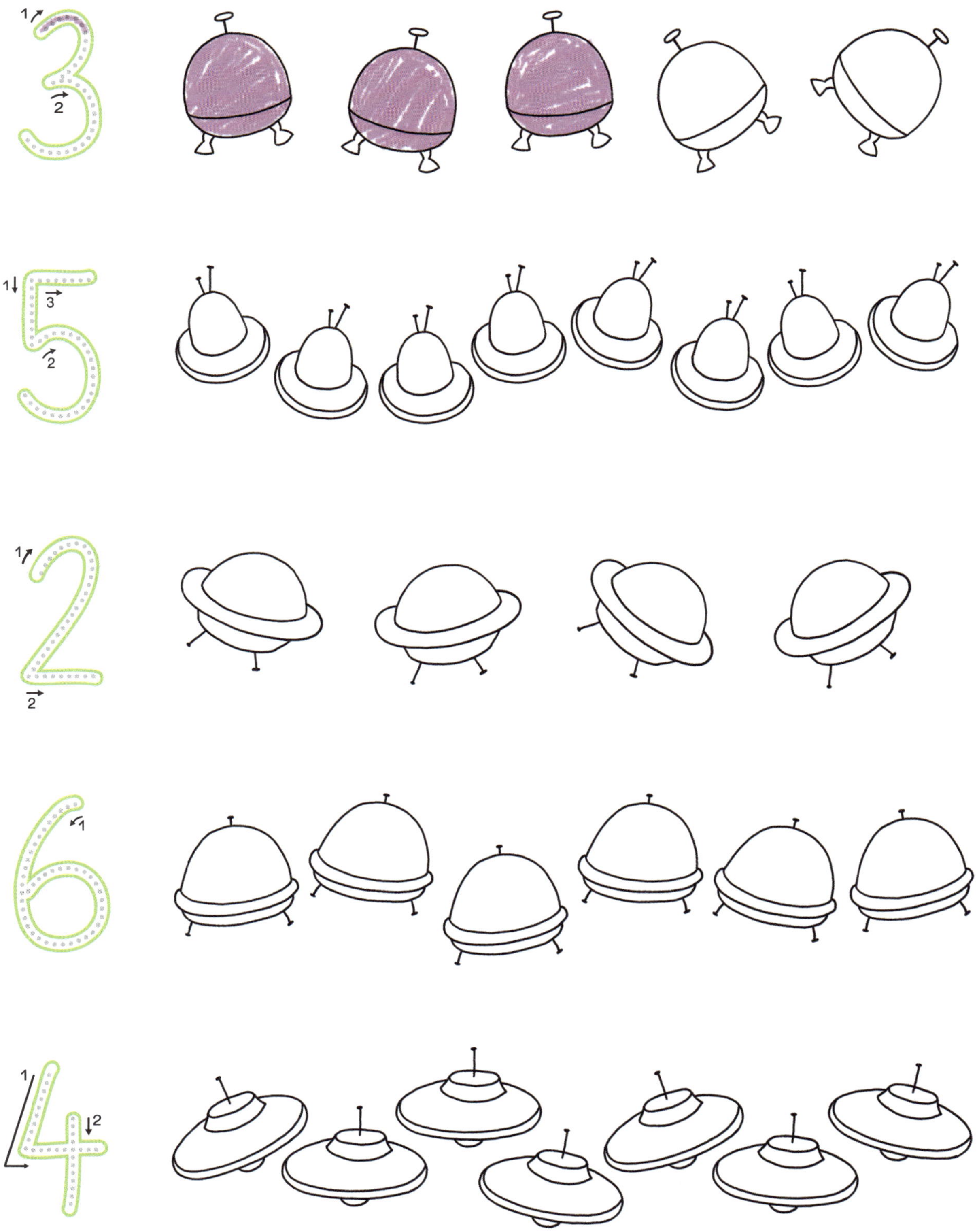

# GLEICH ODER UNGLEICH?

 Ist die Anzahl gleich = oder ungleich ≠ ?
Schreibe das richtige Zeichen.

 ≠

 =

# MALSTUNDE

 Rechne die Aufgaben.
Male das Bild an.

2 + 4 = 6 ⭐          3 + 1 = ⭐

1 + 0 = ⭐          2 + 3 = ⭐

2 + 1 = ⭐          1 + 1 = ⭐

 Welche Zahl ist größer? Schreibe > oder <.
Bei den Aufgaben unten musst du auch die Zahlen schreiben.

2 < 6
kleiner als

6 > 2
größer als

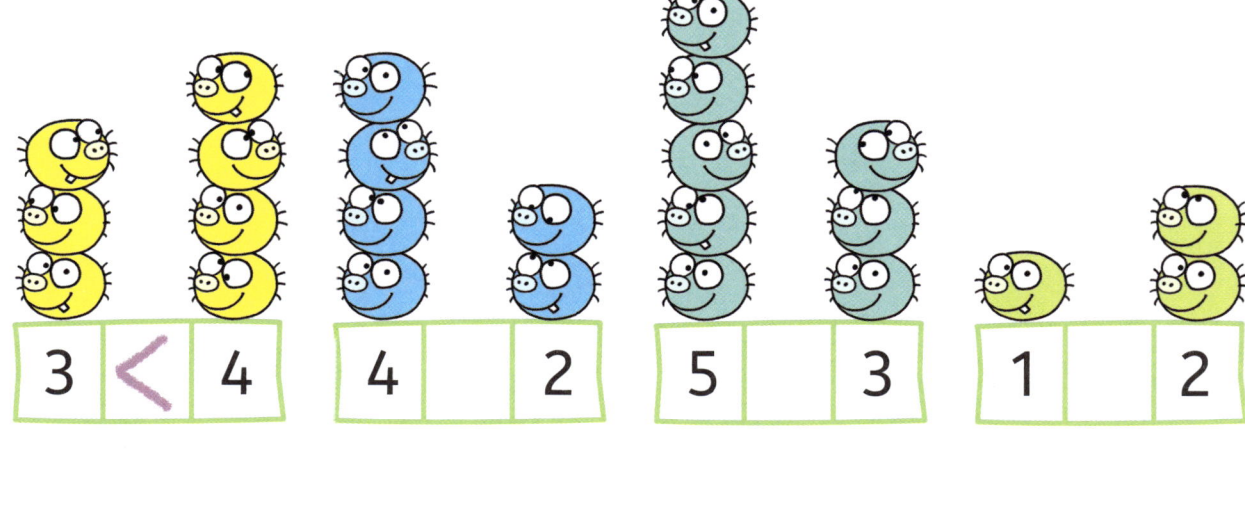

| 3 | < | 4 | | 4 | | 2 | | 5 | | 3 | | 1 | | 2 |

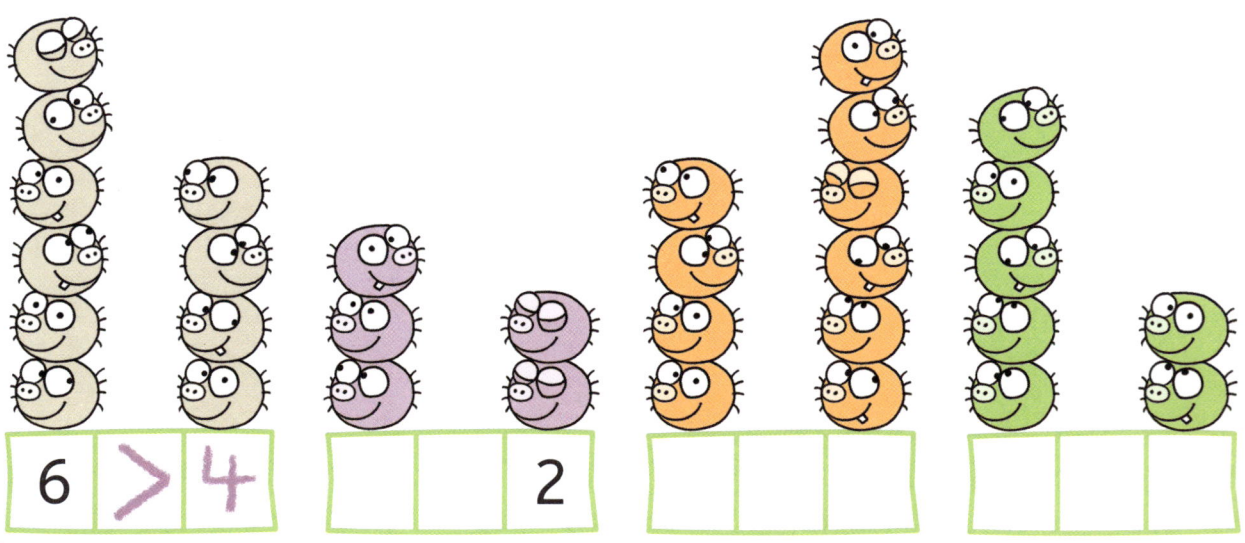

| 6 | > | 4 | | | | 2 | | | | | | | | |

# ASTRONAUTEN IM ALL

 Welches Bild und welche Aufgabe passen zusammen?
Male die Ufos passend an.

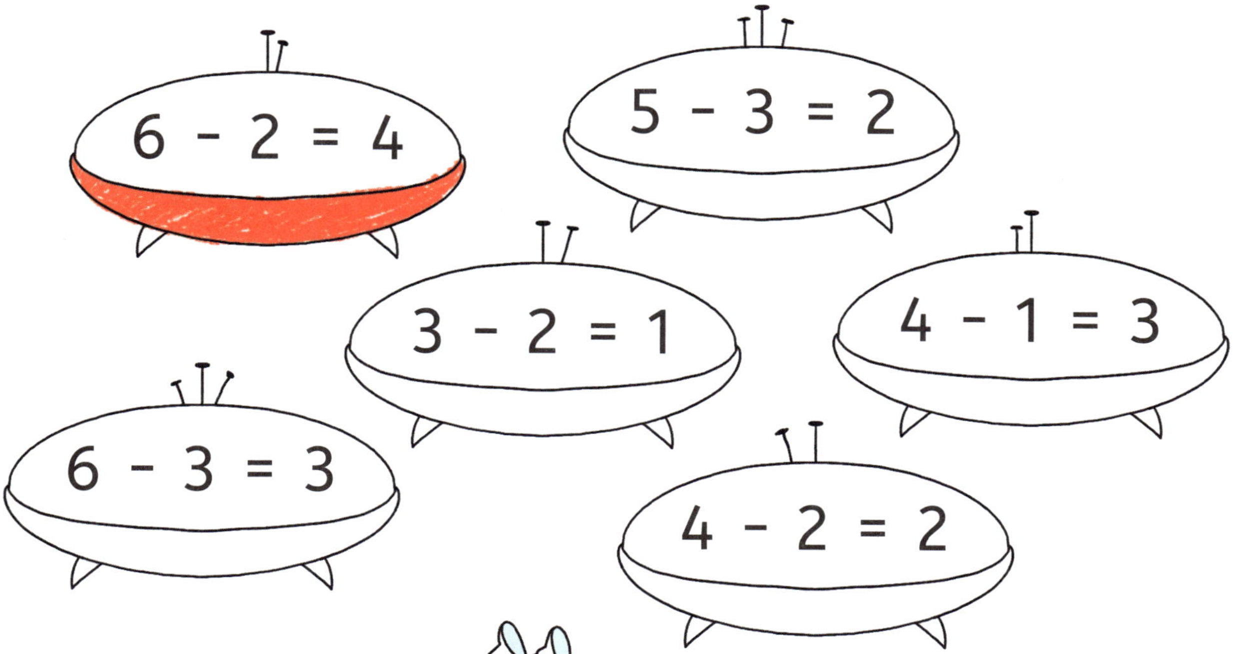

6 – 2 = 4

5 – 3 = 2

3 – 2 = 1

4 – 1 = 3

6 – 3 = 3

4 – 2 = 2

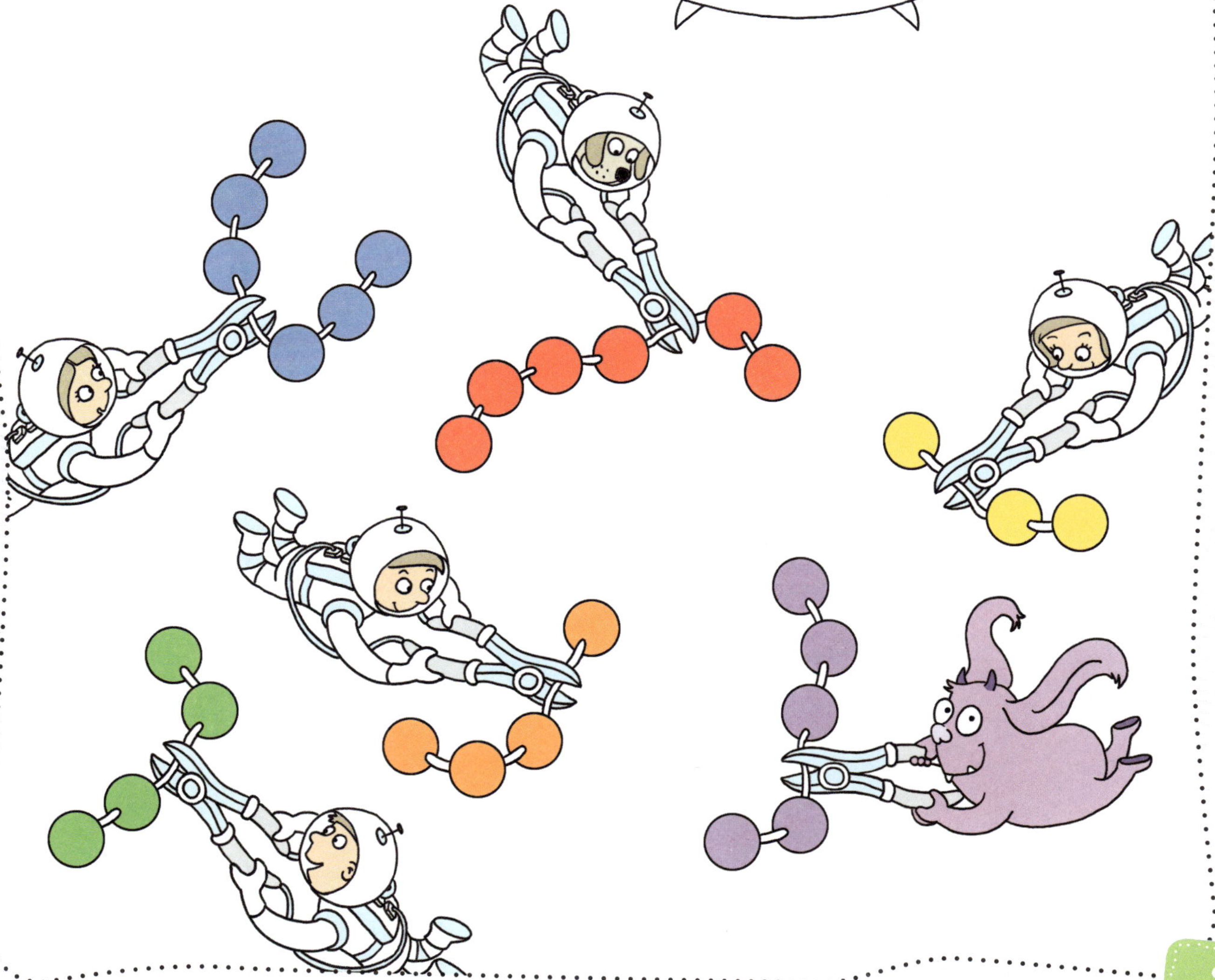

 Erzähle zu den Bildern.
Schreibe die Zahlen und rechne.

 2   +   2   =   4

[ ]   +   [ ]   =   [ ]

   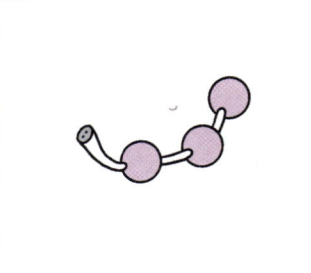   

[ ]   +   [ ]   =   [ ]

Wie viele Sterne muss jeder tragen?
Zeichne und erzähle dazu.

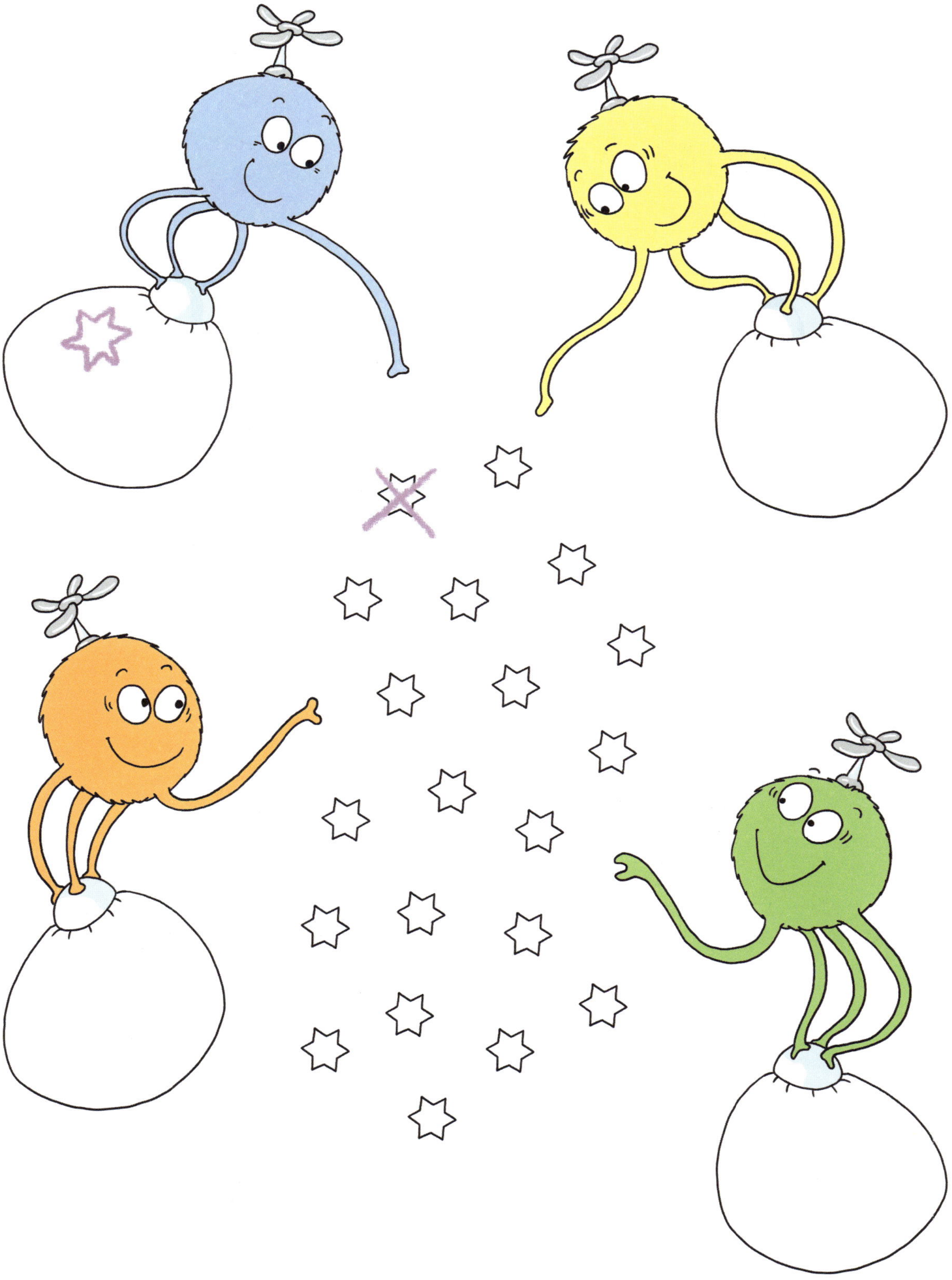

 Welche beiden Aufgaben passen zum Ergebnis?
Male sie an.

3 + 3

6

4 + 2

5 - 1

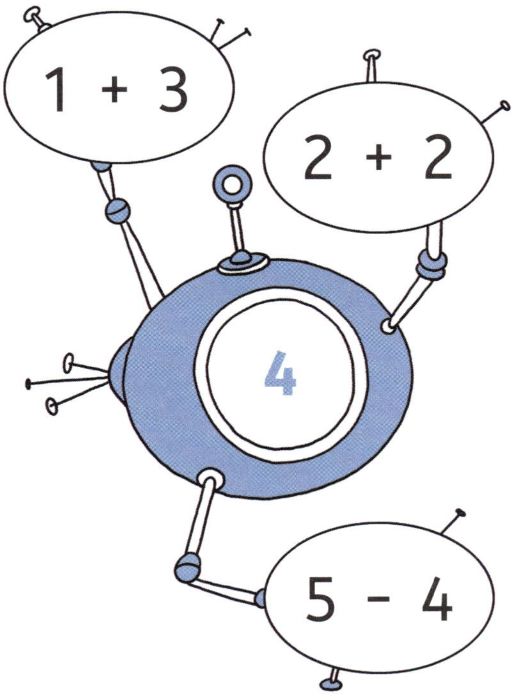

1 + 3

2 + 2

4

5 - 4

6 - 1

5

2 + 3

4 + 2

6 - 3

3

5 - 2

1 + 4

 Wie heißt das Monster?
Rechne und schreibe die Buchstaben zur Zahl.

2 + 1 = 3 R          6 - 2 = ☐ O

3 + 2 = ☐ L          10 - 3 = ☐ N

4 - 3 = ☐ K          5 + 3 = ☐ E

3 - 1 = ☐ A          2 + 4 = ☐ I

| 1 | 2 | 3 | 4 | 5 | 6 | 7 | 8 |
|---|---|---|---|---|---|---|---|
|   |   | R |   |   |   |   |   |
|   |   |   |   |   |   |   |   |

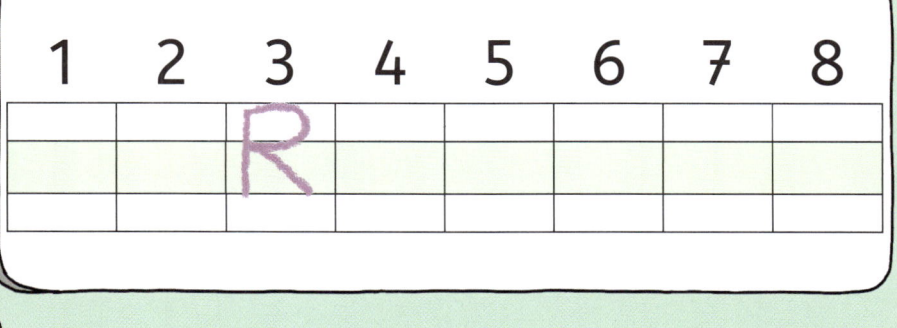

# WAS KOMMT ALS NÄCHSTES?

Sieh dir die Muster genau an. Male die Felder weiter an.

Zeichne das letzte Bild in der Reihe.

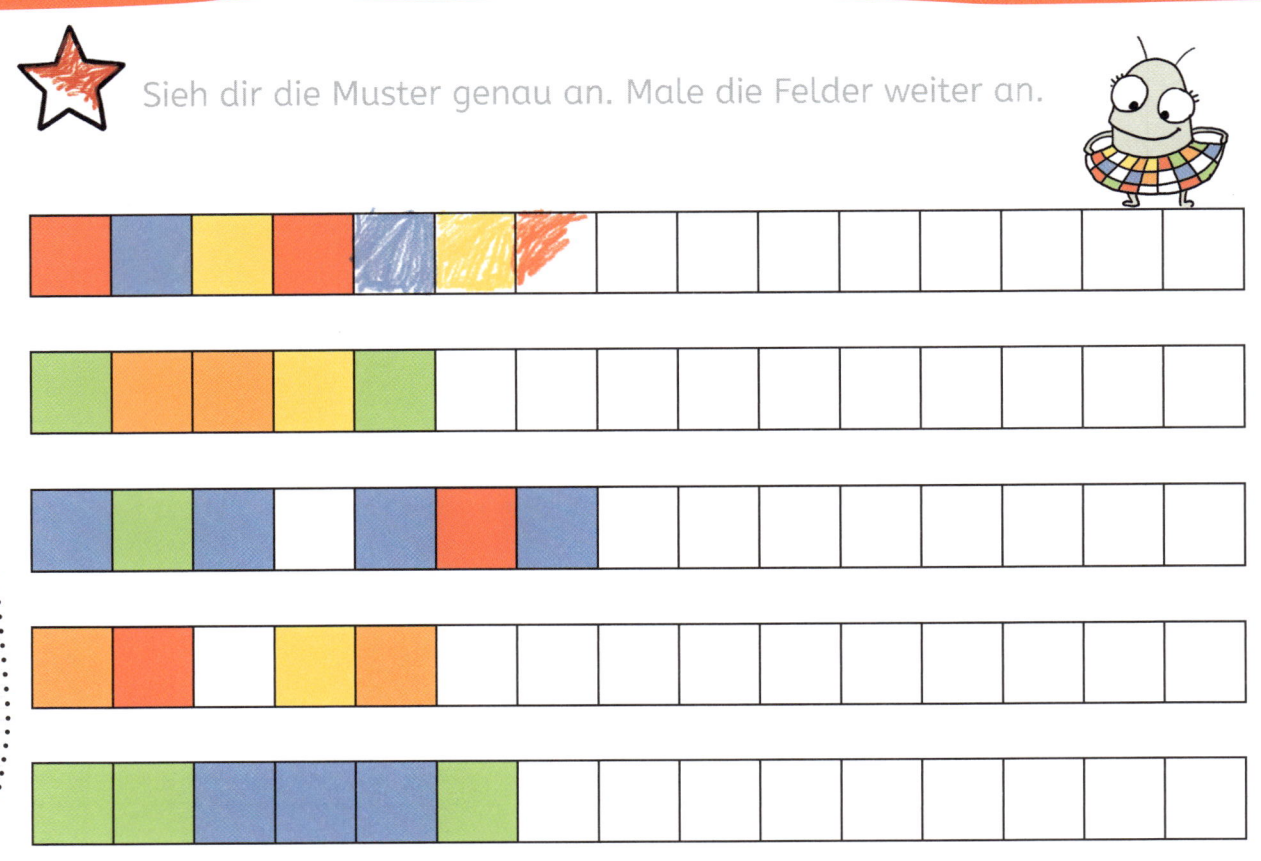

Welche Figur wurde mit den Bausteinen gebaut?
Kreise sie ein.

# NEUER BLICKWINKEL

 Was erkennst du von oben?
Verbinde die passenden Bilder.

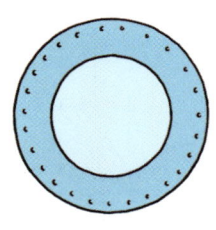   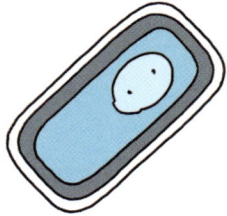 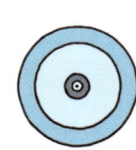

 Was erkennst du? Verbinde den Bildausschnitt mit dem passenden Bild.

  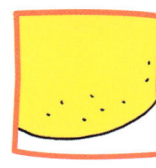 

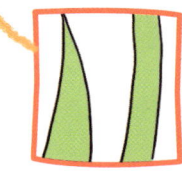  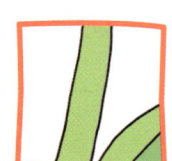

# BAUERNHOF ODER ZOO?

Wo siehst du diese Tiere? Kreise sie **rot** oder **blau** ein.

# BAUPLÄNE

 Welche Ufos werden hier geplant?
Kreuze das richtige Bild an.

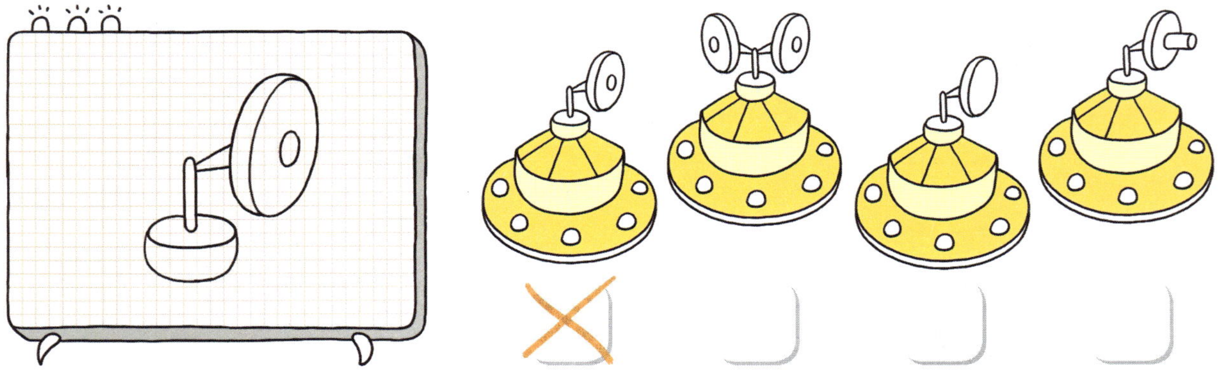

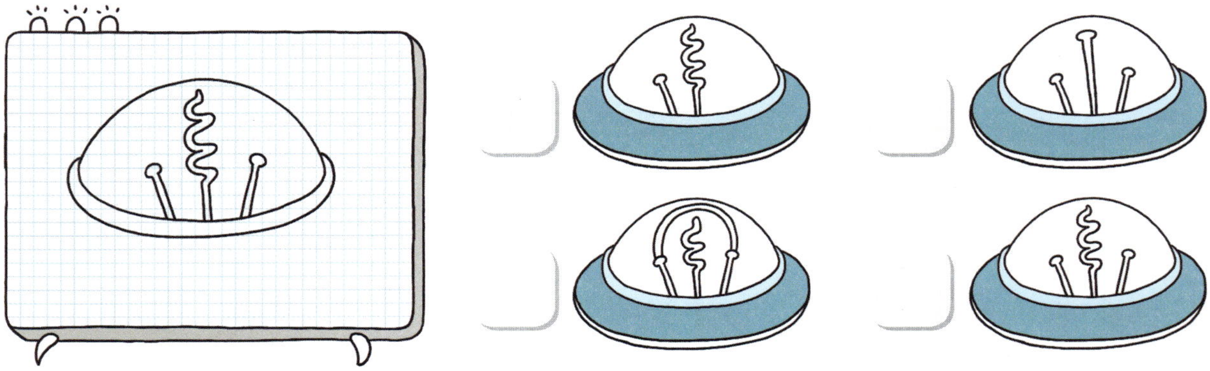

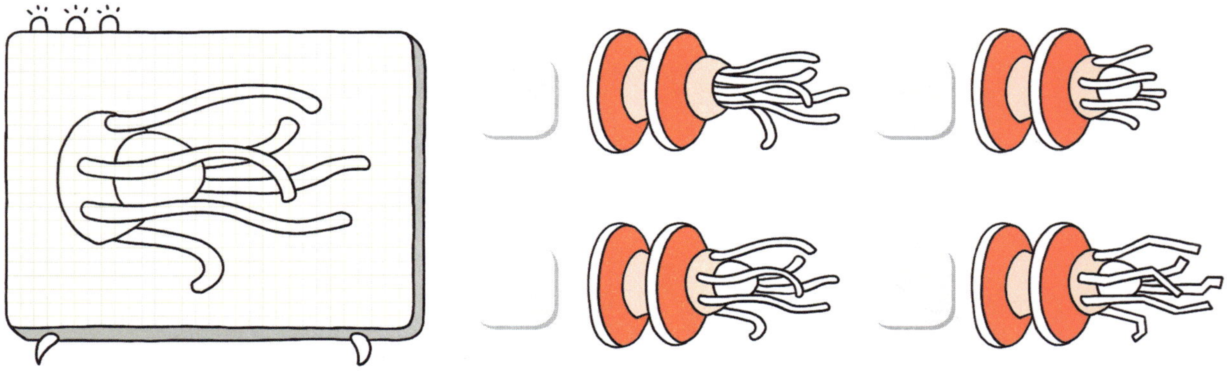

# FORMEN-SUDOKUS

In jeder Reihe und Spalte muss jede Form einmal vorkommen.
Welche Formen fehlen in jedem Rätsel? Zeichne.

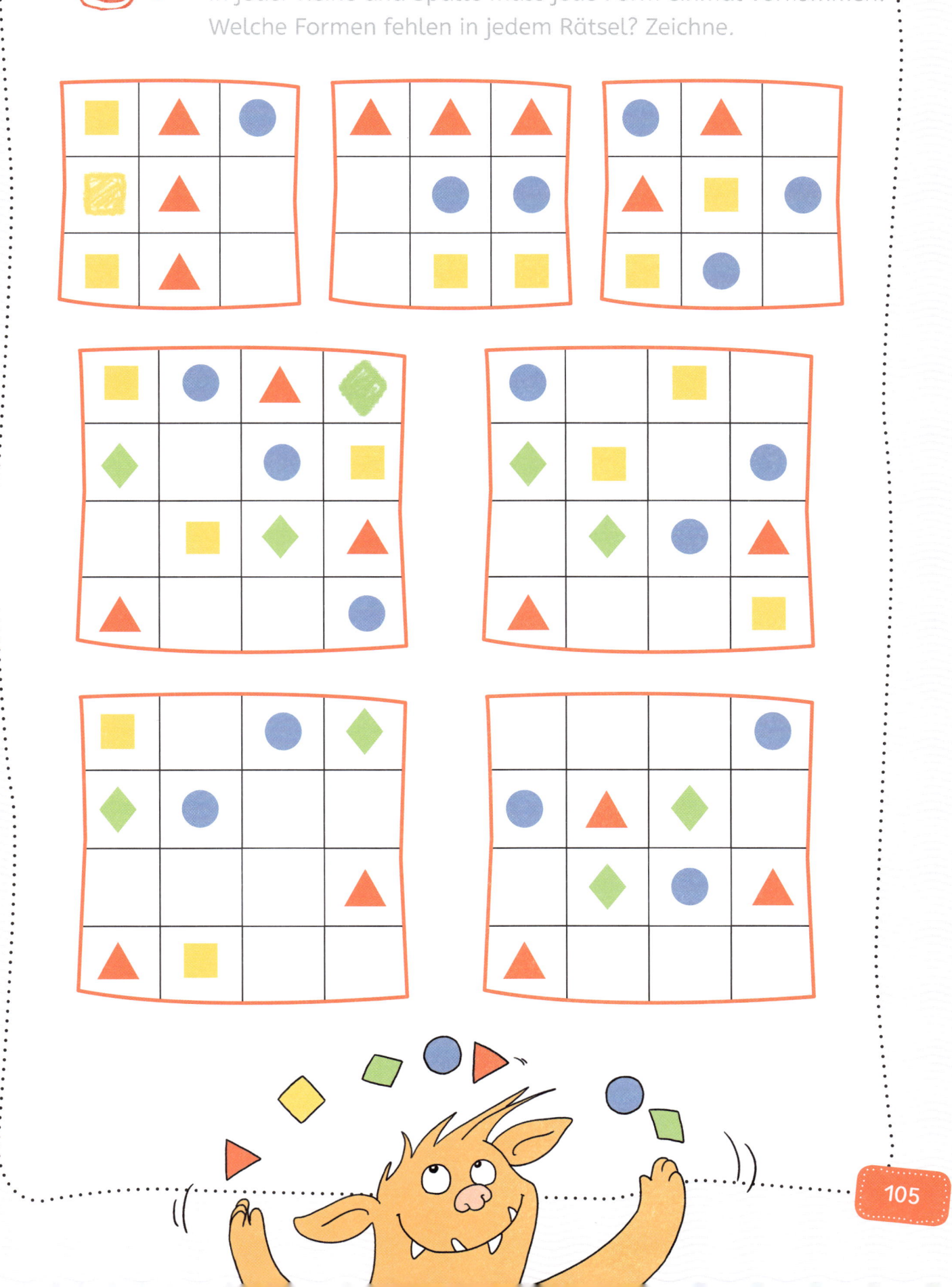

# VOM ANFANG BIS ZUM SCHLUSS

Was passiert zuerst? Schreibe **1**, **2**, **3**, **4** der Reihe nach.

3    4    1    2

1, **2**, **3** oder **4**? Schreibe die fehlenden Zahlen.

| 1 | 2 | 3 | 4 | 1 | 2 | 3 | 4 | 1 |  |  |  |
|---|---|---|---|---|---|---|---|---|---|---|---|

| 4 | 3 | 2 | 1 |  |  |  |  |  |  |  |  |
|---|---|---|---|---|---|---|---|---|---|---|---|

| 1 | 2 | 1 | 3 | 1 | 4 |  |  |  |  |  |  |
|---|---|---|---|---|---|---|---|---|---|---|---|

| 4 | 1 | 3 | 2 |  |  |  |  |  |  |  |  |
|---|---|---|---|---|---|---|---|---|---|---|---|

Immer zwei Wörter ergeben ein neues Wort.
Lies und Verbinde.

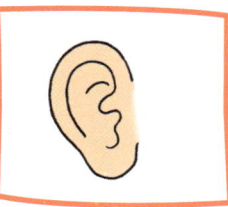  

# DAS FÜNFTE RAD AM WAGEN

Welches Bild passt nicht dazu? Streiche es durch.

Welches Rad gehört zu welchem Fahrzeug? Verbinde.

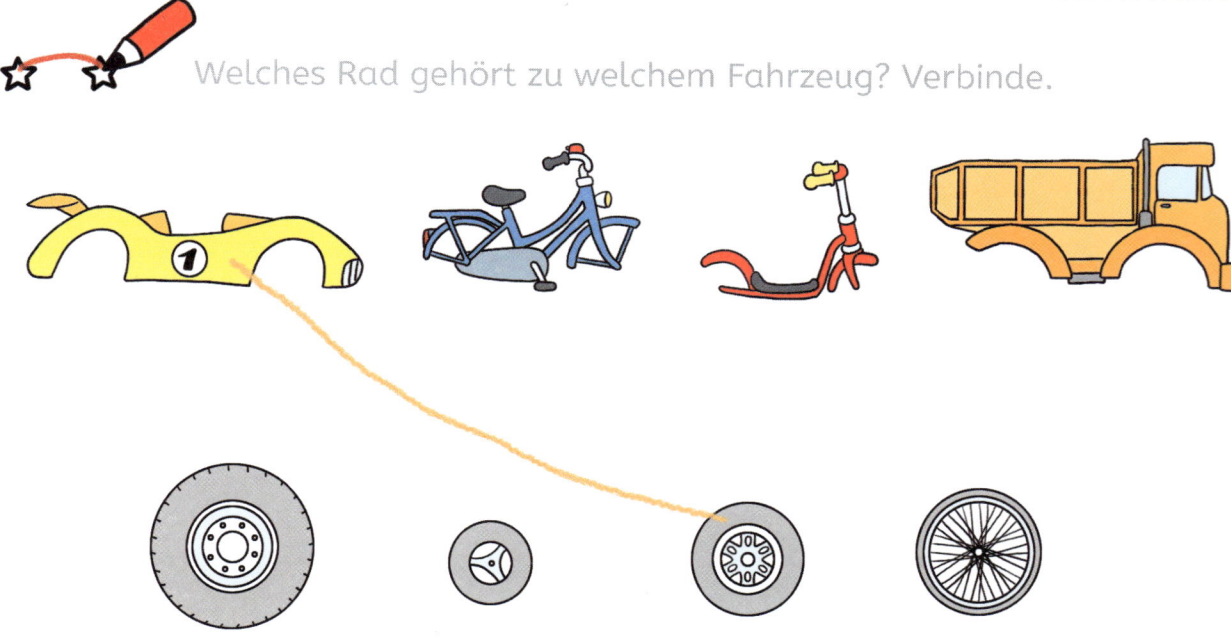

# WO GEHT'S LANG?

Zeichne die Wege in die Karte ein. Starte beim Ausgangs-
punkt und folge dann den Pfeilen. Kreise das Ziel ein.

● 3
↑ ↑
→ →
↓

▲ 5
↑
→ → →
↑

◆ 4
← ←
←
↑ ↑
→

▮ 3
↓ ↓
← ←
← ←
↑ ↑
→

# LÖSUNGEN

**LIEBE ELTERN,** als kleine Unterstützung für das Überprüfen der Aufgaben haben wir hier einzelne Lösungen aufgeführt.

## SEITE 4

## SEITE 5

1. Reihe: 3. Monster
2. Reihe: 3. Monster
3. Reihe: 2. Monster
4. Reihe: 1. Monster

## SEITE 7

## SEITE 8

## SEITE 10

## SEITE 11

## SEITE 12

Richtig sind: **A**mpel, **A**meise, **A**ffe, Gl**a**s, Zebr**a**

Falsch sind: Mond, Löffel, Fisch

## SEITE 13

Richtig sind: **B**rot, **B**ett, **B**irne, **B**all, **B**uch

Falsch sind: Sonne, Kirsche, Schal

## SEITE 15

Richtig sind: **D**rachen, **D**ino(saurier), San**d**alen, **d**rei, **D**ose, Pu**dd**ing, **D**elfin

Falsch sind: Tomate, Tisch, Sofa, Lampe

## SEITE 16

Richtig sind: **E**lefant, **E**nte, **E**ngel, **E**rdbeere

Falsch sind: Oma, Astronaut, Ufo, Igel

## SEITE 17

Das Flugzeug fliegt zum lila Planeten.

Richtig sind: **F**isch, **F**rosch, A**ff**e, Ele**f**ant, So**f**a

Falsch sind: Banane, Hut, Schneemann

## SEITE 18

**G**iraffe – ~~Löwe~~, ~~Messer~~ – **G**abel, ~~Trompete~~ – **G**itarre, **G**urke – ~~Paprika~~, **G**eld – ~~Buch~~, **G**ans – ~~Huhn~~, **G**espenst – ~~Hexe~~, ~~Becher~~ – **G**las

## SEITE 19

Richtig sind: **H**aus, **H**ase, **H**uhn, **H**eft, **H**ubschrauber, **H**ammer, **H**ai, **H**ose

Falsch sind: Auto, Ameise, Eimer, Blume, Kleid, Maus, Pfeil, Wurm, Apfel

## SEITE 20

Der Igel läuft zur Ameise.

Richtig sind: **I**nsel, **I**gel, **P**irat, **Z**itrone, **I**glu, **I**ndianer, **T**iger

Falsch sind: Maus, Luftballon, Schuh, Gurke

## SEITE 23

**L**aterne – ~~Kerze~~, ~~Maus~~ – **L**öwe, **L**öffel – ~~Messer~~, ~~Hocker~~ – **L**eiter, ~~Stift~~ – **L**ineal, **L**ampe – ~~Wunderkerze~~, **L**ibelle – ~~Biene~~, ~~Eis~~ – **L**olli / **L**utscher

## SEITE 24

Richtig sind: **M**elone, **M**aus, **M**ond, **M**uschel, **M**esser

Falsch sind: Roller, Affe, Erdbeere

## SEITE 25

Das Nashorn läuft zum Nashornbaby.

**N**uss – ~~Apfel~~, ~~Zebra~~ – **N**ashorn, ~~Hammer~~ – **N**agel, ~~Vogel~~ – **N**est, **N**ilpferd – ~~Esel~~, ~~Schere~~ – **N**adel

110

# LÖSUNGEN

## SEITE 27

Richtig sind: **P**uppe, **Pa**pagei, Lu**pe**, **Pi**zza, Te**pp**ich, **Pa**prika, **Pi**rat, **Pa**lme, **P**aket,
Falsch sind: Sonne, Feuerwehrauto, Schaf

## SEITE 28

Richtig sind: **Qu**erflöte, **Qu**adrat, **Qu**alle, **Qu**alm, **Qu**ark
Falsch sind: Säge, Satellit, Uhr

## SEITE 29

Die Rakete fliegt zum lila Monster.

Richtig sind: **R**aupe, **R**olle**r**, **R**ing, Fah**rr**ad, **R**obote**r**, **R**utsche, Pi**r**at, **R**egal

Falsch sind: Schwein, Sofa, Uhu/ Eule, Flugzeug, Eis

## SEITE 31

**T**iger – ~~Löwe~~, **T**rompete – ~~Geige~~, ~~Gurke~~ – **T**omate,
**T**isch – ~~Schrank~~, ~~Krug~~ – **T**opf, **T**afel – ~~Buch~~, **T**or – ~~Fußball~~, ~~Iglu~~ – **T**urm

## SEITE 32

Richtig sind: Lu**pe**, **U**fo, **R**olle**r**, **U**nterhemd, **U**nterhose, **U**-Boot, **U**hr, **T**u**r**m, P**u**llover
Falsch sind: Zahn, Elefant, Tasse, Hammer, Schneemann

## SEITE 33

Der Vogel fliegt zum Nest.

## SEITE 34

~~Sonne~~ – **W**olke, ~~Hase~~ – **W**olf, **W**ürfel – ~~Ball~~, **W**ippe – ~~Rutsche~~, **W**aage – ~~Sieb~~, ~~Blume~~ – **W**ald, ~~Keks~~ – **W**affel, **W**urst – ~~Pizza~~

## SEITE 37

Richtig sind: **Z**elt, **Z**ebra, Prin**z**essin, Pil**z**, Flugzeug, **Z**ahn, **Z**werg **Z**ange, **Z**itrone, **Z**aun

Falsch sind: Banane, Nadel, Tasse, Ufo, Hut, Rakete, Tisch, Hammer, Auto

## SEITE 40

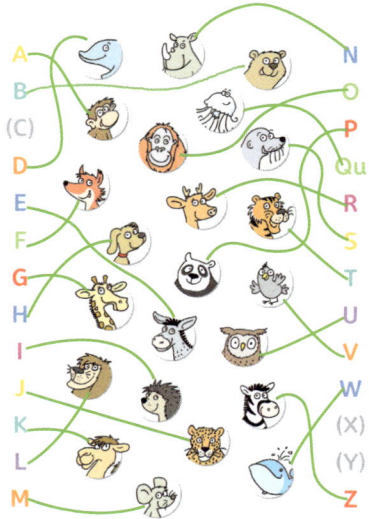

## SEITE 42

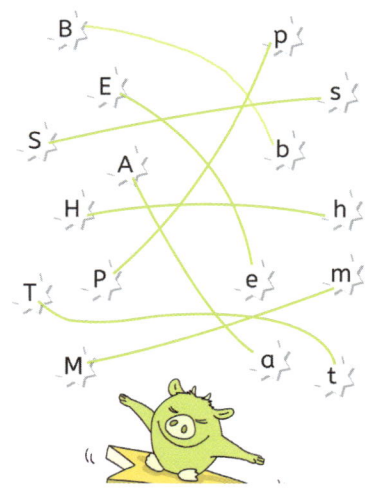

## SEITE 44

**A**mpel – **U**fo, **M**ond – **L**uftballon, **S**onne – **T**omate, **E**sel – **I**glu, **N**ashorn – **F**isch, **E**is – **A**nanas

**A**pfel – **A**ffe – ~~Banane~~ – **A**meise
~~Fisch~~ – **E**nte – **E**sel – **E**rdbeere
**I**nsel – **I**gel – ~~Leiter~~ – **I**ndianer
**O**fen – **O**hr – **O**ma – ~~Hammer~~
**U**-Boot – **U**fo – ~~Teddy~~ – **U**hr

## SEITE 45

**La**terne **Li**monade **Li**neal **Me**lone **Ba**nane **To**mate

Ufo     Oma     Lama     lila

## SEITE 46

Lilo am Handy. Lilo im Haus. Lilo im Ufo. Lilo am Tisch.

## SEITE 48

| i | c | h | w | i | r | e | r |
|---|---|---|---|---|---|---|---|
| d | u | i | h | r | s | i | e |
| w | i | r | d | u | i | h | r |
| e | r | s | i | e | i | c | h |

## SEITE 58

RAKETE    MOND    STERN
SONNE    UFO

## SEITE 59

KÄSE    SOFA    LUPE    KEKS
FOTO/BILD

## SEITE 60

TIGER    PANDA    ZEBRA
KATZE    SCHAF    PFERD

## SEITE 65

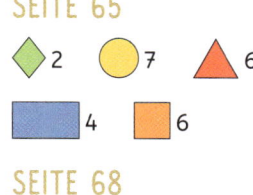

## SEITE 68

# LÖSUNGEN

## SEITE 69

## SEITE 94

| | | | |
|---|---|---|---|
| 3 < 4 | 4 > 2 | 5 > 3 | 1 < 2 |
| 6 > 4 | 3 > 2 | 4 < 6 | 5 > 2 |

## SEITE 95

| | | |
|---|---|---|
| 6 − 2 = 4 | 5 − 3 = 2 | 3 − 2 = 1 |
| 4 − 1 = 3 | 6 − 3 = 3 | 4 − 2 = 2 |

## SEITE 96

2 + 2 = 4    4 + 1 = 5    3 + 3 = 6

## SEITE 97

Jedes Monster bekommt 5 Sterne.

## SEITE 98

| | | | |
|---|---|---|---|
| 6 | 3 + 3 / 4 + 2 | 4 | 1 + 3 / 2 + 2 |
| 5 | 6 − 1 / 2 + 3 | 3 | 6 − 3 / 5 − 2 |

## SEITE 98

| | |
|---|---|
| 2 + 1 = 3 | 6 − 2 = 4 |
| 3 + 2 = 5 | 10 − 3 = 7 |
| 4 − 3 = 1 | 5 + 3 = 8 |
| 3 − 1 = 2 | 2 + 4 = 6 |

Das Monster heißt Karoline.

## SEITE 100

## SEITE 101

Reihe 2: Figur 4
Reihe 3: Figur 2
Reihe 4: Figur 4
Reihe 5: Figur 1

## SEITE 102

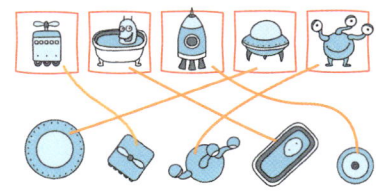

## SEITE 104

Reihe 1: Ufo 1
Reihe 2: Ufo rechts unten
Reihe 3: Ufo links unten
Reihe 4: Ufo 3

## SEITE 105

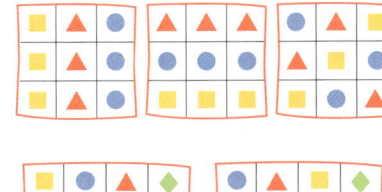

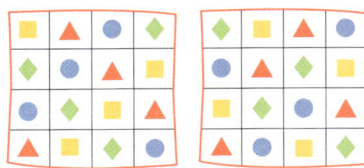

## SEITE 106

Zeile 1: 3 − 4 − 1 − 2
Zeile 2: 1 − 3 − 4 − 2
Zeile 3: 3 − 2 − 1 − 4
Zeile 4: 2 − 3 − 4 − 1

## SEITE 107

Ohr + Ring = Ohrring
Eis + Würfel = Eiswürfel
Hand + Tasche = Handtasche
Vogel + Haus = Vogelhaus
Schaukel + Stuhl = Schaukelstuhl

## SEITE 108

Reihe 1: Ufo – alles andere sind Monster

Reihe 2: Teller – sonst ist Besteck abgebildet

Reihe 3: Salat – sonst ist Obst abgebildet

Reihe 4: Stiefel – sonst sind Kopfbedeckungen abgebildet

Reihe 5: Hase – alles andere sind Vögel

## SEITE 109

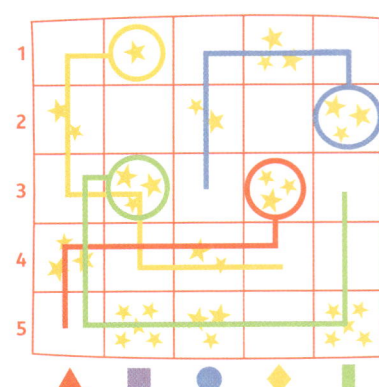